David Corrales Rodas

R.E.M.

(Rapid Existence Metensomatosis)

David Corrales Rodas
Periodista/Escritor

Información de contacto:
E-mail: davidcorralesrodas@gmail.com
Facebook: https://www.facebook.com/Davo-49745269759/
Videos: https://www.youtube.com/user/DaveKorr

Apreciado Lector.

Gracias por permitirme entrar por un rato a tus ojos y a tu mente mediante estas letras.

Para enterarte de más novedades de lanzamientos y nuevos libros (y para que dejes tu reseña y comentarios), te invito a suscribirte en mi perfil de Amazon:
http://amazon.com/author/davo
¡Por favor deja tu reseña!

Gracias… mis letras y yo te mandamos un fuerte abrazo literario.

La literatura es una extraña máquina que traga,
que absorbe todos los placeres,
todos los acontecimientos de la vida.
Los escritores son vampiros.
George Bernard Shaw

Página

Agradecimientos a todos aquellos rostros y almas con los cuales he tenido la fortuna de intercambiar cortos o largos momentos, cada uno de ellos (sin ellos y quizás sin yo saberlo) han sido y son parte de las inquietas letras e historias en mi mente. Me quedan faltando hojas para darle gracias a tantos nombres… espero hacerles honor a todos alguna vez en algún otro futuro cercano.

Prólogo

R.E.M

Por Jaime Espinal

♪ Salvation is reserved for those who pass the tests
If you survive, an elevated existence awaits
Initiate phase one: Power up the bass cannon ♪
"Existence VIP", Knife Party

RAPID

Un man sentado en la ventana de su casa, dormido casi, examina en el universo mental contenido en su cráneo casi 200 historias en simultánea. No es un número al azar. Casi todas están rotuladas.

Un leve cabeceo barre las primeras veinte. Otro, cuarenta. Otro otras cuarenta y van cien.

Mientras cae del 9no al 8vo piensa en un final para una hipotética historia sobre feos. Es consciente de que lo debería anotar en alguna parte.

En el aire no hay bolígrafos.

Sueña que se despierta en el viento y cree ser viento él también.

Ciento diez historias fuera.

Desliza el 8vo piso rápidamente. Aparecen los amigos diciéndole Compadre, 8 pisos son 8 pisos.

Chamorro? Gracias Rivas. Zuluaga, Peña, Henao y Santamaría. Y otros más. Todos mirándolo volar pa' abajo. Metiendo un pique pa' hacer el gol. Severo gol. Contra la tierra.

De cabeza?

El 7 es número de números. Clásico. *Get yours now!*, escribe. Escribe? En el aire no hay bolígrafos.
Nota mental: *Get yours now*!

Mientras progresa hacia el 6to sueña que cae. Caen otras veinte historias trascendentales con él. Van ciento treinta. Gana velocidad. <<Ganar es perder un poco>>. Quién dijo eso? Él? Sí. A quién se lo atribuye entonces?

Nota mental: "Anónimo".

EXISTENCE

En el 5to decide hacer un cuento a cuatro manos. Cuatro manos de prostitutas. Cada cuento es una existencia.

Caen veinte cuentos más. Ciento cincuenta existencias.

El 4to pasa sin pena ni gloria, como tantas cosas que pasan sin pena ni gloria en asombroso desorden.

El 3ro lo pone trascendental y le entra la misma duda –que le entra a cada persona en su situación– de "si existió. O si va a existir. A pesar de estar existiendo".

Del 3 al 2 <<cae por un vacío no sólo mental, sino ataviado de un acelerado pulso cardiaco, una inexorable apatía, y la inevitable visión de los seres que abajo, al final de la calle, retroceden sorprendidos por aquel intruso que amenaza con entorpecer el tráfico>>. Cuáles seres? Abajo no hay nadie.

Para el 2do ya se ha ensañado con él la atracción de la gravedad, representada en el instante por: ge igual a nueve coma ocho metros sobre segundo cuadrado... Aunque él la confunde —lo sabemos— con la inexorable... y encantadora... pero abominable... tanto como irresistible... atracción medio suicida de arremeter all-in el abordaje de una bella y exótica desconocida.

Después de pasar el 1ro solo queda la mínima fracción medible del instante antes de aterrizar, pero la mínima fracción puede serlo todo para el que va por la vida manejando en el *highway* a casi 200 por hora:

Fume, tinto, trabaje, trasnoche.
Fume, tinto, trabaje, trasnoche.
Fume, tinto, trabaje, trasnoche.
Frena.

Se quita el cinturón. Se baja un momento. Se fuma el cigarrillo. Mira el atardecer. Porque esto va sin control. Y él quiere otra cosa.
Primera Metensomatosis
... O Reencarnación.

METENSOMATOSIS

En la matriz universal escribe: R.E.M.

Con palabras sucias de glóbulos rojos, tejidos y órganos, pronuncia: Papá, yo no me suicidé, es un libro de cuentos.

—Sí, claro— dice el padre en la oficina.

Mamá: voy a renunciar.

—Hace años deberías haberlo hecho.

Ciento ochenta y cuatro existencias fuera. Quedan 16. Son éstas:

Arriba/Abajo

Esto de crear mundos y de dar vida a personajes es un asunto que se ha vuelto cada vez más difícil - pensaba Él mientras repasaba unas cuantas notas frente a su escritorio.

Luego de invertir 6 días en varias líneas, luego de juguetear incesantemente haciendo girar el índice de su mano derecha sobre su sien como en una oscura e inconsciente representación de lo único que podría sacarle de ese monumental letargo creativo decide, en un arranque de ira, darle «*control + E*» a los estúpidos conceptos plasmados en su mente y, acto seguido, los exilia con un rápido «*Delete*» ante la mirada impávida y pigmentada de Rafael, Miguel y Gabriel que, cual si estuvieran tomando el sol, parecían reposar en una nube de témpera enmarcada por Botticini.

Un frenético movimiento de su ser acompañado con el mecánico y soso chasquear de los cinco soldados que conforman sus otras extremidades le hacen comprender la inevitable realidad con la que se enfrentan la mayoría de aquellos que crean formas y seres para ganarse la vida.

Zeus, Dante, Aquiles, Lucifer, Capitalismo, Aliens, Mayas y demás personajes e historias del universo ¿Se habrán materializado éstos una y otra vez entre distraídos pensamientos, manos inquietas y masajeadas sienes? — murmuró como queriendo ser escuchado pero al instante se dio cuenta de que nadie se encontraba allí con

Él. Recordó que la fiel soledad era la única audiencia para seres como Él.

Fuera como fuera, estaba acabado. Al menos por ese día.

Tratando de buscar la esquiva inspiración, pensó en la particularidad de todo lo estático, en el caos y en el "más acá".

Pero era todo en vano, nada surgía en su mente. Sólo cuadros etéreos y algunos pensamientos e imágenes de viejos juegos y ayeres que se habían vuelto sosos y obsoletos.

Necesitaba darle vida a otros personajes y mundos, precisaba concebirles, urgía de la creación de un efecto para calmar su hambre creativa y su razón de existir.

Requería imperiosamente salir de la nada y de su agobiante rutina… transformar la monotonía de su mundo azul solitario. La idea de un poco de caos parecía ahora más justificada que nunca.
Aislado en su perenne abandono, le parecía que habían pasado eones desde la última vez que alguien le había logrado leer y comprender entre líneas sus historias y argumentos… millones de vueltas del reloj desde que alguna desprevenida alma se hubiera topado con su obra y le hubiera susurrado una palabra u oración al respecto.

Seres imperfectos y frágiles, evolucionados y condenados, solitarios y amordazados, infelices o creyentes… algo o alguien con quien compartir su frustración universal, cualquiera que aplaudiera sus imágenes y semejanzas.

Estaba experimentando un «*Writer´s Block*» y el día de finalización que previamente se había prometido estaba ya a la vuelta de la esquina. Definitivamente no era tarea fácil crear seres y mundos que lograran distraer sus días.

Pero de nada servían ya las lamentaciones ni el gigante muro con el que parecía haberse topado para finalizar su obra. Las vidas de aquellos en su pensar dependían de Él y ciertamente no los iba a decepcionar - al menos no de entrada - meditó para sus adentros.

No obstante (en un momentáneo cambio de parecer) pensó que su obra podía esperar un poco por el resto de ese día. Ser creador no era algo fácil y ciertamente era una actividad bastante desgastante. Indudablemente era mucho más fácil crear a alguien más para que creara por uno - recordó que alguien, alguna vez, le dijo tal cosa.
Así pues, batallando contra su propia conciencia, se decidió por un rato de cómodo embrutecimiento frente a la gran pantalla universal. Se arrellanó perezosamente en su suave trono de la flojera; en su sedante altar de la ociosidad… se acostó en medio de la nada con el control remoto a su diestra.

Por un momento observó incontables mundos y distantes historias ajenas en las cuales la mitad de ellas mostraban seres embarcados en cosas bastante extrañas y llenos de miseria y de olvido.

Y precisamente a Él algo se le estaba olvidando ese día… algo lentamente se escapaba de su mente, podía sentirlo.

¿Pero qué?

«Debe ser la falta de sueño quizás» – pensó mientras intentaba recordar cuándo había sido la última vez que sus ojos habían logrado descansar por largo tiempo (aunque tampoco recordaba haber descansado alguna vez en su existencia ni de haberlo necesitado antes).

En fin, postuló disipar cualquier preocupación en su ser y una vez más se aferró al raído control remoto a su derecha.

Sus ojos comenzaron a entrecerrarse… las notas y garabatos en sus manos se arrugaron asfixiando los conceptos hasta ahora allí plasmados.

Con sus últimos asomos de conciencia observó con gracia y curiosidad atisbos de unas cuantas batallas, epopeyas y romances allá en la pantalla de la vida… estiró las piernas, se arrellanó en su esencia y permeablemente recibió las ondas de la existencia… convirtiéndose finalmente en un *comfortably numb*.

«Allá abajo parece ser un buen lugar para poner en marcha algunas historias y seres» pensó antes de empezar a caer en un profundo y enigmático sueño en el borde de su lecho, después de todo, el mundo y sus almas aún podían esperar.

Aquello fue lo último que pasó por su conciencia y su pluma y su tinta terminaron derramándose sobre todo su alrededor... justo en ese entonces se empezó a formar una inesperada tormenta y un ensordecedor *big bang* reverberó en medio de toda la nada.

En la banca

"Ganar es perder un poco"
Anónimo

Desde el cielo se oyen trompetas y una ensordecedora algarabía anuncia el comienzo del juego.

El eterno desafío del hombre contra el hombre trascurre mientras espero ansioso mi turno en la banca para saltar al escenario de batalla.

La sangre, el llanto y el sudor se mezclan a medida que los participantes se disputan un pedazo de gloria.

Aquel que dirige esta orquestal reunión me mira y me hace saber que debo alistarme ya que pronto entraré en escena.

Patadas, puños, golpes, codazos, tristezas y desilusiones confluyen en aquel terreno de contienda.

Uno a uno, los allí presentes vemos con ansiedad los constantes giros y desenlaces de esta lid y muchos nos preguntamos cuándo será nuestro momento de participar.

Viejos conocidos rasgan sus esencias y dan todo de sí hasta quedar completamente enlodados de miserias en unas ocasiones y ungidos de triunfos en otras.
Parece que pasa una eternidad y nuevamente miro como suplicándole a los dioses que me permitan ser parte de ello.

El omnipotente director reparte instrucciones a diestra y siniestra esperando contrarrestar a su par en el otro banquillo.

Más soldados del juego son enviados a que pisen la tierra y otros más regresan de ésta acabados y agotados.

Es difícil saber quién va ganando.

El glorioso y omnisciente director se olvida de mí y me deja allí esperando.

Busco su mirada y éste me susurra las temidas palabras:

«En otra ocasión será»

Y yo sólo atino a pensar:

«Maldita sea, esta vez no me tocó nacer… yo que quería bajar a ese lugar que llaman Tierra».

Thinieblas

Mucho de lo que estaba sucediendo aquella noche Sergio ya lo había oído en cadenas radiales, la TV y en casi todos los medios, incluso en 16 películas de cine.

Finalmente había sucedido y ahora el mundo se hallaba en tinieblas.

Siempre había pensado qué haría en momentos como éste, mas una incertidumbre y una inmensa soledad lo envolvían ahora que se encontraba solo y en medio de una gran penumbra.

De repente recordó a varios de sus amigos que constantemente le habían advertido al respecto e igualmente en su mente se coló la constante cantaleta de aquella monja de su colegio que una y mil veces le había reprochado su falta de animosidad por aquel que reinaba en los cielos y que se decía que sólo Él daría la última palabra al terminar los días.

«Y el Señor te guiará continuamente, y satisfacerá tu alma en lugares secos, y hará fuertes tus huesos, y serás como huerto regado, como manantial de aguas, cuyas aguas nunca faltan» Isaías 58:11

Serenidad... serenidad… habían sido siempre las palabras de su padre, aquel mentor que hoy más que nunca extrañaba en su vida.
Él no había sido él el mayor de los cobardes, sobre todo a la hora de aventurarse en rincones desconocidos con sólo la luz de la luna como compañía, pero esta vez sentía el temor colándose por sus poros.

Qué hacer ahora en un momento como estos… ¿salir corriendo?, para qué y hacia dónde, ya nada tenía sentido, se sentía tan solitario como aquel personaje de cabellos rubios de Exupéry.

Mientras tanteaba con sus manos el camino hacia la despensa en busca de fósforos o algo que proveyera algún destello, recordaba poco a poco aquellas palabras del Padre en el sermón de la misa dominical.

«Recuerda, por tanto, de dónde has caído y arrepiéntete, y haz las obras que hiciste al principio. Si no, vendré a ti y quitaré tu candelabro de su lugar, si no te arrepientes» Apocalipsis 2:5:

Siempre había visto con gracia aquella pompa y sobriedad de aquellos hombres que se enfundaban en atavíos y ornamentales vestidos blancos y púrpuras, pero ahora le parecía que no tenía gracia alguna tal exageración y pompa de aquellos que decíanse llamar mensajeros del reino esperado.

¿Pero... y si en realidad tuvieran razón?

Su cuerpo tropezó con algo sólido y macizo. Quizás era el baúl de la vieja abuela, aquel donde guardaba todos sus títeres... la abuela siempre le regañaba diciendo que él siempre andaba dejando algo tras de si.

Con dolor en su rodilla, trató de enfocar sus ojos para intentar vislumbrar alguna silueta, alguna forma amable o reconocible, algo que le indicara un camino de salida, al menos para llegar a una puerta al exterior... ¿o quizás a un purgatorio?

«Es, pues, un pensamiento santo y saludable rogar por los difuntos, a fin de que sean libres de las penas de sus pecados» Macabeos 12:46

¿Será posible que en verdad fuera cierto todo aquello que alguna vez el viejo profe Ismael que, con sus pequeñas gafas y pantalones hasta los pectorales, les había dicho acerca del fin de los tiempos?

«Y bien jóvenes… tanto Nostradamus como los Mayas lo han anticipado. La oscuridad total algún día se abalanzará sobre cada uno de nosotros y eso será todo… ahora hablaremos de educación sexual y preservativos»

¿Qué significaba todo ello realmente?

No TV, no internet, no amigos, no carros ni motos ni fincas ni aventuras, ni bellas mujeres, ni viajes a Egipto o al Mediterráneo (como siempre lo había soñado), no más árboles de navidad ni regalos… nada.

Lamentaba el no haber escuchado un poco más a su madre cuando ésta le había invitado a seguirla a un viaje que ella denominaba como «de gran paz y tranquilidad», de «familia y reunión», pero no, él como siempre la había desafiado y, en tono burlesco, le había manifestado que le dejaran solo.

Cuánto hubiera ahora deseado decirle en ese entonces que quizás él se había equivocado, que ella tenía razón, que extrañaba su dulce abrazo, que al fin y al cabo la familia lo era todo.

«Ellos dijeron: Cree en el Señor Jesucristo, y serás salvo, tú y tu casa». Hechos 16:31

Todos los proyectos que tenía o había soñado parecían escapársele de las manos.

Sonia, la bella Sonia. No había podido nunca decirle la verdad. Que desde el primer momento de ella se había enamorado como sólo lo podría hacer un niño de su más preciado juguete.

Si sólo pudiera correr a abrazarla una vez más.

Otro tropezón. Sólo que este fue a acomodarse en su pecho y el borde evidentemente afilado había logrado dejarle sin aliento por un instante.

¿Qué sentirá el mundo en una situación de éstas, qué estarían pensando otros como él en este aciago momento de soledad e inanición, en esta infame y eterna espera?

Finalmente logró llegar a donde sus dedos con beneplácito sabían que era indudablemente el armario en el que días atrás había visto una caja con exactamente dieciséis cerillas.

Pero... ¿de qué podrían servirle ahora dieciséis fósforos?

Estaba decidido. Lucharía por encontrar la forma de salir de estas sombras y al menos gritarle al cielo que él aún allí se encontraba.

Se acercó a lo que parecía ser una gran ventana, prendió uno de los fósforos y lentamente la luz fue iluminando el cuarto.

«Yo soy la Luz del Mundo. El que me sigue no caminará en tinieblas, sino que tendrá luz y vida» Juan 8:12

Al principio no logró distinguir nada, pero poco a poco sus obnubilados ojos fueron distinguiendo los contornos de lo que parecía ser una ciudad muerta bajo el manto renegrido de las inevitables tinieblas.

De repente oyó un ruido, un golpe seco en la puerta y pensó: «Ya es mi hora... ya vienen por mí»

Su corazón como un león salvaje intentó apaciguar los miedos en su cabeza pero ya una silueta asomaba cerniéndose sobre él.

«Y ésta es la condenación: que la luz vino al mundo, y los hombres amaron más las tinieblas que la luz, porque sus obras eran malas».

Juan 3.19

Dos figuras entraron sigilosas.

«Hágase la luz». Génesis.

Y la luz se hizo.

De repente vio una estela de destellos luminosos que cegaron sus ojos, sintió como volvía a nacer al encenderse todos los bombillos.

«!Mamá!» dijo con gran alivio - «Se había ido la luz. No me vuelvas a dejar solo».

«Pero si tú ya eres todo un Señor y eso es lo que me dices a cada rato».

¿Who´s the boss?

Las cosas no habían salido aquella mañana como yo hubiera querido.

Primero, la lujuriosa vecina y sus desafinados gritos de pasión orgásmica que retumbaban desde el piso de arriba. Luego, el desayuno quemado y finalmente el insoportable trancón que nuevamente me robaba una hora y quince minutos más de mi vida.

Pero finalmente había llegado a mi lugar de trabajo.

Como siempre, todos parecían bastante callados… aunque hoy se notaban más taciturnos que de costumbre.

Decido seguir derecho sin saludar.

Descargo mi maletín, me instalo en el escritorio y repasó algunas notas en mi vetusta agenda. Acto seguido, llevo a cabo algunos cálculos y tomo una que otra medida mientras miro por el rabillo del ojo a los demás allí presentes.

-Malditos zombis hipócritas- digo calladamente. A veces sentía un enorme deseo de destruirlos a todos… de gritarles en la cara que no eran más que peones en este mundo absurdo y descolorido.

Decido seguir trabajando un poco más; haciendo caso omiso a las miradas de reproche que caían sobre mi espalda.

Imbéciles – susurré entre dientes – debería mandarlos a todos a la hoguera.

Gracias a mí tenían ellos trabajo… no tenían derecho alguno a portarse de esa manera. El hecho de yo ser su jefe no les justificaba a que me tratasen con tal desdén y burla.

Hago un par de llamadas e intento concentrarme en el trabajo frente a mí. Planos, notas, clips, medidas, palitos y más palitos… cientos de ellos.

Sigo molesto, casi que alcanzo a oír su corrillo afuera en el pasillo.

- ¡Perros asquerosos malagradecidos! - opino a la par que fantaseo con la idea de descuartizarlos a todos… de echarlos a la calle a merced del frío y la lluvia. - ¿Y quién si no yo el que les había dado una mano para que fueran alguien en la vida? ¿Gracias a quién tenían ahora ellos un empleo? - Ingratos bastardos. Era mejor que no me tentaran, no sabían de lo que yo era realmente capaz. No era mi culpa ser allí el líder. ¿En últimas no había sido yo quien a lo largo de mi vida había sufrido más que todos ellos… partiéndome las uñas y lacerándome las manos para llegar hasta donde estaba hoy?

No era justo… mi niñez había sido bastante complicada, oscura y turbulenta, probablemente no como la de estos *bon vivants*.

No tenía yo porque rendirle cuentas a nadie.

- ¿Y quiénes eran ellos para decirle qué hacer o cómo manejar las cosas por estos lados?

Intolerable… simplemente intolerable.

Memorándum para todos, quizás así aprendan. O mejor aún, minar aún más su confianza y sobrecargarles de trabajo hasta el punto del suicidio.

Para bien o para mal, estaban condenados a trabajar para mí, no tenían más opción que obedecer o morir allá afuera en el impío mundo.

Justo o no, yo sabía cómo ponerles a marchar.

¿Acaso no había tratado yo siempre de ser amable con ellos? Pero no, era más que evidente que al súbdito había que tratarle con disciplina y un poco de tiranía para verdaderamente lograr resultados. Habría que tomar medidas al respecto.

¿En qué momento habían cambiado tanto las cosas?

Cabe reconocer que al principio fue todo unión y camaradería. Un verdadero *teamwork.* Pero luego fueron haciéndome a un lado. Alienándome de todo. Callando, hablando a mis espaldas. Susurrando mi nombre tras los pasillos. ¿Y qué si de un momento a otro me había entrado el gusto por dominarles? Más que gusto, era una necesidad, era por su bien, por el de la compañía. Algún día lo entenderían.

Dominar... ésa era una de las claves del verdadero *Management.* La única manera de lograr auténtico respeto.

¿Acaso Hitler pidió permiso para invadir a Europa... suplicó Napoleón a Francia antes de ocuparla?

Si quieres que los demás a tu alrededor te respeten tienes que mantener el látigo en una mano y una sonrisa en tu cara. Hacerles creer que se sienten seguros.

Y, a pesar de todo, estos plebeyos no parecían temerme. Sólo indiferencia ante mi ser y mi puño de hierro. Al contrario, cada vez parecían más reacios a trabajar... siempre había que empujarlos.

Que se pudran todos, no daría mi brazo a torcer. Había que controlarlos, alguien tenía que hacerlo. Era cuestión de ética, de hacer lo más correcto y justo para la sociedad.

Sin mí, ellos serían simples mortales, unos pobres y desgraciados sin nombre. De no ser por mi nobleza y filantropía ya todos estarían en oscuros designios.

En ocasiones hasta les oía susurrar. Sus ásperas voces se filtraban por las paredes.

Miedo, seguramente eso es lo que tenían. Hay de ellos si se atrevían a revelarse. No serían tan estúpidos como para hacerlo... ¿O sí?

¿Y si pudieran derrocarme? ¿Si pudieran fraguar un *coup d' état* en mi contra? No tenían las agallas... pero... ¿y si sí? Un súbito temor se cernía sobre mi pecho. Tal vez habría que cambiar de estrategia.

Quizás debería hablarles un poco, ofrecerles una que otra prebenda o aliciente. Pero no bajar la guardia, no demostrar debilidad... ¡Eso nunca!

Una reunión general podría tal vez calmar un poco sus ánimos. Hablarles de lo que sienten, de lo que esperan. Escuchar... ¡maldita sea para qué escuchar!

No tenían nada en mi contra, de eso estaba yo seguro (¿lo estaba realmente?).

Hoy más que nunca sentía el desprecio por todos ellos. Me robaban el crédito, la admiración y los aplausos.

¿Pero quién verdaderamente controlaba allí los hilos? ¿Se detenía alguien a pensar en el verdadero artífice del éxito y la gloria? Noooo... qué va!. Siempre en el ocaso del día, siempre tras bambalinas.

Estúpida humanidad, nunca entenderán la vida de un artista como yo. Quizás no merecían nada de mí; quizás debería despedirlos a todos.

- Al diablo todo… ¡definitivamente hoy no habrá función! -

Finalmente Adrián recogió sus títeres y, ante el asombro de los niños allí presentes en la fiesta de cumpleaños, se marchó intempestivamente a su casa en la calle 16 a la misma rutina de ruidos orgásmicos de su vecina y desayunos malolientes.

¡Hang in there baby!

Bastante obnubilado y con un extraño sabor en la garganta desperté de mi letargo aquella mañana.

Una extraña desorientación me recorría de palmo a palmo y no alcanzaba a recordar nada de lo sucedido horas atrás.

Todos los días y al despertar, al instante mismo en que despabilo un poco mis sentidos, empiezo a repasar los hechos de mi presente y pasada cotidianidad… y claro, hoy no había sido la excepción.

Sin embargo, no había nada allí de mi inmediato pasado que pudiera recordar.

Todo esto era muy extraño… no lograba recordar las últimas 16 horas de mi vida.

Mi pálpito no parecía indicar el haberme ido de juerga la noche anterior. Tampoco parecían ser las pastillas que el Doctor Mazo me había recetado años atrás, hace ya rato que había dejado el *valium* (terminé por aceptar mi insomnio como algo natural) y ciertamente no tenía memoria de haber estado en una de mis usuales escapadas románticas con Juliana mi asistente.

Un mortal «peso» sobre mi pecho hacía difícil mi respiración y movimientos… corrijo; un mortal «peso» sobre mi pecho hacía IMPOSIBLE mi respiración y movimientos.

16 horas perdidas…

Había escuchado de este tipo de «trance» la otra noche en la TV. Según el presentador, varios científicos estudiaban aquel no tan común estado en el que el cuerpo, a pesar de estar la conciencia «despierta», se hallaba fuera de servicio y había que dejarlo tranquilo hasta que éste despertara.

Oh bien… supongo que descansar un poco de más no estaría mal si el cuerpo así lo requería (¿el cuerpo o yo?) - pensé fugazmente.

De todas formas no era muy amante de retozar en las sábanas ni de aquello de contemplar la salida del sol o abrazar a la amada que se encuentra al lado… fruslerías de adolescentes que no saben el valor del tiempo ni que el amor es realmente un negocio como mi abuela Matilde le solía decir a mi abuelo Darío. Ella era quien realmente llevaba los pantalones en la relación. El viejo era demasiado poético para este mundo decía ella y finalmente él falleció a la edad de 79 años, precisamente una mañana tendido en la cama cuando al parecer dormía.

El anterior pensamiento me dio mala espina e intenté nuevamente levantarme pero todo fue en vano. Ni mis extremidades ni mis ojos querían responder. Una huelga generalizada parecía estar sucediendo en todo mi ser. Si tan sólo pudiera mover mi mano y alcanzar mi maldito celular.

Como un nido de avispas me llegan fugaces memorias de la oficina y mi trabajo, una importante reunión, una discusión, un autobús y la oficina nuevamente… LA MALDITA OFICINA.

¡Por dios!, tenía mil cosas por hacer y este haragán pedazo de carne mío continuaba en su letargo.

Oigo voces; lejanos y diluidos murmullos y algo que me jala pero me aferro con firmeza desechando estos extraños impulsos.

Creo que será mejor que me calme un poco, eventualmente mi extenuado cuerpo recuperará su vitalidad y podré al fin pararme a revisar mis acciones en la bolsa, mis correos y llamar a mi conductor para que me recoja.

La oficina… la maldita oficina y las horas, las 16 horas perdidas seguían apareciendo en mi espectro mental.

Algunos dicen que soy de aquellos maniáticos e incorregibles trabajadores, un consumado «*workaholic*» que hasta a los funerales llevaba mi portátil para trabajar disimuladamente mientras los demás perdían su tiempo despidiendo una masa inerte.

Creo que exageran. Además, siempre me han causado cierto sentimiento de lástima aquellos improductivos que andan pregonando su desgastada filosofía de contemplación y amor, de hedonismo y procrastinación.

16 horas perdidas, la oficina y un maldito bus… ¿Qué significaba todo ello?

Maldita sea, ni siquiera un dedo podía mover… ahora sé que sienten los presidentes de las naciones y los títeres ante sus verdaderos masters.

16 horas perdidas y el puto bus ese.

¡Qué eran estos recurrentes recuerdos maldita sea!

Esta condenada y afanosa necesidad de moverme y hacer algo al respecto me consumía lentamente y era algo que me seguía jalando hacia lo desconocido, una inexplicable fuerza que me ofrecía otras alternativas a la de estar allí tendido.

¡Pero claro!... la reunión, la reunión con los accionistas de hace ya un par de días (¿o habían sido meses?).

Todos estaban allí. El Vicepresidente Quiroz, el Director Lara, Ardila, Espinal, Delgado, Zuluaga, Chamorro, Rivas, Sepúlveda, Erat, Giraldo, Peña, Henao, Santamaría, Sierra, Moreno, Emiliani y otros. Que la compañía ya no iba más, que los indicadores y la rentabilidad, la maldita pero necesaria rentabilidad. Pero nada hubiera pasado si ingenuamente no hubiera confiado en mi abogada (en esta joda no hay que confiar en nadie). Tristemente ella resultó mi judas, ella resultó traicionándome con un viejo compinche suyo y convenciendo a toda la junta. Ahhh... pero esperen a que me levante de esta cama, le caería a golpes a esos desgraciados hijos de puta que me habían intentado quitar todo.

Sí... aquella abogada alguna vez ella fue mi mejor amiga pero de repente se volvió demasiado ambiciosa y terminó por enterrarme un grasiento puñal.

«La vida es una sola» — decía constantemente mi padre «Hay que trabajar duro en ella para llegar a ser alguien en la vida». Pues ése fue y era mi credo desde el mismo colegio en donde, en lugar de perder el tiempo jugando a las canicas o a las escondidas, me labré con honores una intachable carrera académica.

Nuevamente esta sensación de que debía dejar de luchar. Una especie de reiterativa plegaria venida del cielo me indicaba que debía relajarme.

Quizás no era tan de madrugada como inicialmente había pensado, algo me llevaba a presentir que aquella era una de esas pocas veces en las que mi cuerpo había ignorado el timbre de mi teléfono celular anunciándome que debía ya levantar mi cuerpo de la cama para dirigirme al trabajo.

Extrañamente ni Nidia ni Alfonso (mi secretaria y mi conductor) me habían llamado para asegurarse de que levantara mi culo de mi lecho como se los había ordenado en otras situaciones como ésta; al rato hablaría seriamente con ellos acerca de este descuido… ¿O quizás me equivocaba y hoy era ya domingo?

Aún así, sentía que aún tenía toneladas de cosas por hacer, pero mi cuerpo inexplicablemente estaba entregado a una profunda narcosis y por más que quise no pude hacer que se levantara.

Mónica… mi esposa.

Por un momento perdí el hilo de mis cavilaciones… ¿en qué andaba? oh sí, estaba pensando en Mónica.

Realmente fue una buena compañera. Era consciente de que por mi causa había renunciado a una prometedora vida de artista para dedicarse a la crianza de nuestros hijos.

Mónica… Mónica… ¿Por que de repente sentía una fuerte sensación de nostalgia?

No era muy común en mí tener ese tipo de emociones; las mujeres fueron hechas para ser el apoyo del hombre en la crianza de su familia y en los negocios de su pareja, para ayudarles a escalar en la vida.

Recuerdo que nos conocimos en la universidad. En ese entonces yo estudiaba leyes y ella arte. No era (ni soy) de los que suelen enamorar a bellas mujeres, pero mi padre decía que no estaba bien visto que alguien como yo no tuviera una mujer "para si" y ello, junto con la presión familiar, me llevaron a hablarle a Mónica una noche en la fiesta de nuestros grados.

Recuerdo que aquella noche la besé de improvisto y ella me respondió con una fuerte cachetada.

Luego se disculpó, le dije que fuéramos «productivos», que optimizáramos nuestro tiempo evitando cortejos y que se casara conmigo, lo cual para mi fortuna le causó bastante gracia. Realmente nunca supe con exactitud porque aceptó; pero el caso fue que lo hizo.

Bueno, bueno... este sentimiento foráneo a mi ser era cada vez más intenso... nostalgia, súbito sentimiento de culpa.

¿Pero nunca le faltó nada o sí? Las joyas, el club, el apartamento... no... no se podía quejar.

Por más que traté de justificar mi vida con Mónica, no podía dejar de pensar que hoy más que nunca la extrañaba y que quizás pude haberla tratado un poco mejor.

Mónica, tan abnegada y entregada, nunca le dije lo suficiente cuanto la quería.

Ahora los insulsos sentimientos de afecto y amor se habían cambiado por rabia y desespero. Las propiedades, el carro y ¡mis hijos!

De nuevo aquel sentimiento de renunciar me jalaba desde lo más profundo, como queriendo que dejara todo atrás de una vez por todas.

Sentía que debía hacer algo respecto a todas estas imágenes y recuerdos, mas una extraña sensación de *«let it go»* seguía entrometiéndose en mi consciencia, algo que me susurraba que ya nada importaba en realidad.

Sin embargo me seguía aferrando a moverme, a superar este extraño letargo.

En cuanto saliera de ésta resolvería muchas cosas y acabaría con algunos cuantos, de eso no cabía la menor duda.

Los hijos, la casa, el carro, el bus…

Finalmente no pude más y una nueva ráfaga que me jalaba terminó por nublar mi consciencia y simplemente... me dejé ir.

Extrañamente ya nada me importó.

Ni la empresa, ni la casa, ni Mónica, ni mis hijos ni los otros hijos de puta a los que le quería partir la cara... un apático descanso me embriagó con su velo y finalmente pude descansar.

Ni siquiera todos los problemas del mundo fueron suficientes como para sacar a Jorge del estado de coma en el que se hallaba hace ya 16 horas luego de que una buseta lo atropellara al cruzar una esquina… justo cuando se dirigía a su oficina en el piso 13 de la calle 3.

Cirugía para volverse feo

Eran las 7:00 p.m. del 18 de febrero de aquel memorable día.

Una de las más amadas, admiradas y bellas actrices de Hollywood; en una entrevista otorgada a Oprah, se había declarado como «harta de su descomunal belleza», por lo cual, ante el asombro mundial, había optado por la adefesioplastia.

Nadie lo podía creer. Los medios hablaron de ello durante semanas enteras. Se hicieron especiales televisivos y se declaró un temporal estado de sitio (fuera lo que fuera que significara ello en este caso) hasta que se «airearan un poco las cosas», palabras del Ministro de la OCAH de la UN.

Sin embargo, aquellas declaraciones habían generado un gran impacto en la gente (empezando por el club de fans de la *vedette*) y, los medios y la población, llenos de histeria y fanatismo, dieron origen a una nueva ola que cambiaría la otrora faz de la tierra.

Había llegado un importante momento de transición en la historia de la humanidad.

Las cadenas televisivas, los avisos publicitarios, las grandes casas de mercadeo y publicidad (BBDO, DDB, Dentsu, Silverstein&Partners, TBWA, etc) la BBC, FOX, CNN, CBS, PBS, ETC, la radio... todos permanecían en vilo masticando la gran primicia del mundo.

En los kioscos de revistas de las grandes capitales se mostraba ahora la nueva transformación de la reconocida estrella mundial.

Luego de su entrada al quirófano, las fotografías de su metamorfosis ocupaban las primeras páginas, incluso por delante de los asuntos bélicos, sensacionalistas o económicos que tanto suele admirar la gente en estos días.

Fue tal la conmoción causada que reinas, modelos, cantantes, actrices, actores (en particular los de la industria porno), magos, comediantes, fisicoculturistas, deportistas y sociedad en general empezaron a emularle.

Se generó inmediatamente una nuevo *status quo* en el orden estético planetario.

Ahora las niñas pedían a sus padres (de celebración de sus 15´s, grados, cumpleaños y demás) adefesioctomías, llorando y pataleando como niñas mocosas cuando recibían negativas de ellos. Pero, algunas, inevitablemente se sentían un poco aliviadas, consentidas y con algo de esperanza cuando sus padres, en medio del berrinche, les decían «¡como te ves de fea cuando te dan esos arrebatos!»

Grandes sumas de dinero se amasaban día a día en cirugías para la fealdad y gran parte del PIB mundial estaba ya soportado por esta creciente economía.

La gente ahora se aglutinaba a las puertas de los más prestigiosos cirujanos para conseguir verrugas, acné, cicatrices, labio leporino, hirsutismo, narices torcidas, dientes descarriados, alopecia, celulitis y obesidad; que eran algunas de las intervenciones más buscadas por las personas.

Algunas *Hideur Cliniques* ofrecían incluso paquetes de tratamientos como los siguientes:

«Porque sabemos de la importancia de tu horripilancia, el Centro Estético de Adefesios – CEA te ofrece las siguientes alternativas:

- Aumento de belly
- Vello corporal (en donde no te nazca)
- 4 verrugas
- Desviación del tabique

Y como bono adicional le regalamos un par de cicatrices completamente gratis de parte de nuestro equipo de luchadores y boxeadores profesionales.

Fealdad 100% garantizada, nuestras operadoras están esperando... ¡llame ya!».

Había incluso algunos que realizaban operaciones ambulantes y no tan recomendadas para la adefesidad, pero con gran garantía en el resultado final... «Le partimos su cara a muy buen precio»; gente principalmente del gueto, esposos frustrados y algunos ex convictos que vieron en esta nueva moda un gran negocio y oportunidad de ser productivos para la sociedad.

Había incluso humanitarios que lo hacían gratis. Veían a un ser bello por ahí en un *boulevard* o a la salida de una cadena televisiva o de compras e inmediatamente le cogían a puñetazos.

No obstante, los agraciados pero desgraciados bellos se sentían cada vez más excluidos de la sociedad.

Ante tal problemática, se creó la Asociación Internacional de los Derechos de los Atractivos (AIDA), la cual estaba amparada ahora por la UN, UE, ONU, OEA, OTAN, FMI, CEE, CECA, UEFA y FIFA (el fútbol , con su gran popularidad, ahora se proclamaba el deporte más feo del mundo, slogan que, como no, fue ampliamente usado por Luís Omar Tapia), todos ellos en pro de la protección de esta indefensa minoría.
El mundo pues, fue descubriendo que la figura humana, representada por aquellos grandes artistas, había sido manoseada todo este tiempo hasta el punto del absurdo.

Miguel Ángel, Renoir, Boticelli, Tiziano, Delacroix (y muchos otros) fueron declarados personas no gratas de la humanidad y enemigos de la sociedad. Sus obras fueron recogidas y almacenadas en lo que luego se llamó «Monumento al holocausto creado por la belleza».

Ser feo era ahora lo más in desde el reggaeton, el Facebook, la heroína o el cristianismo.

Miles de bebes «hermosos» eran devueltos por sus progenitores o simplemente puestos en adopción.

Ya no hubo más matrimonios por apariencias.

Grandes conferencias de académicos y eruditos se llevaron a cabo para dilucidar la misma raíz de la belleza y la fealdad.

La revista *People* nombró por cinco años consecutivos a un tercio de la población mundial como los hombres y mujeres más feos del planeta y sus publicaciones se vendieron como pan caliente.

Cientos de amores estancados del pasado se reactivaron y los otrora esperpentos rechazados en el colegio o universidad recibían ahora las más atrevidas invitaciones para «divertirse y quizás luego desvestirse».

La gente en las calles bailaba, reía, se emborrachaban y celebraban la gran revolución de los feos.

Los hombres en los bares ahora se disputaban por anchas caderas, ojos desproporcionados, caries profundas, senos caídos y monumentales cicatrices.
Ahora el alcohol simplemente las hacía ver más feas y deseables.

Mientras más retorcidos y más muecos los cuerpos, más sexi.

Y así fue como un planeta entero empezó a girar al ritmo de la fealdad mientras que el libro de Hans Christian Andersen dejó de venderse y las copias restantes fueron luego quemadas por multitudes enardecidas.

El mundo giraba orgullosamente en su fealdad. Fue una época que quedaría en los anales de la historia, allí… en la parte más al sur del universo.

Get Yours Now

Fernando Pessoa

Finalmente lo había conseguido. No había sido fácil pues me había tocado lidiar con un par de sapos que también andaban de cacería por ahí cerquita.

Ya los había visto antes. Eran los hermanos Giraldo de la sexta casa de la ladera. Unos tipos bastante problemáticos con los cuales nunca me la había llevado bien… unos verdaderos cerdos humanos cuya única motivación en la vida pareciera ser la de buscar por todos los medios el ser despreciados por los demás.

Llegamos a jugar en el mismo equipo de fútbol del barrio y hasta a compartir juntos un par de veces en un asado donde «el gordo» en un diciembre ya pasado. Pero a las lacras éstas un día se les dio por meterse con mi hermana de sólo 16 años.

Borrachos y drogados hasta la médula, habían aprovechado un descuido mío para arrinconar a Claudia en una esquina para «verle las teticas».
Afortunadamente mi gran amigo Alex alcanzó a ver lo que pasaba y alertó al resto de los allí presentes en la fiesta decembrina.

Desafortunadamente para Claudia, los pocos minutos de tener que afrontar el acoso de estas bestias lujuriosas fueron más que suficientes para decirle adiós a su inocencia.

Por supuesto que los sacamos tallados de allí y sólo la llegada de una patrulla de la policía hizo que su destino no fuera la quebrada o alguna manga abandonada.

Pero todo quedó en eso, promesas de plomo si alguno del barrio los llegaba a ver de nuevo.

Esa vez tuvieron demasiada suerte... más que la de mi pequeña hermanita que luego de ello nunca más fue la misma.

Pasaron algunos meses antes de encontrármelos de nuevo. Precisamente hoy, el día de mi cumpleaños número 25.

Estaba yo en el billar de Don Oscar allá en el barrio de una niña a la que le estaba cayendo y de repente allí estaban los hermanitos que tiempo atrás se habían esfumado del barrio.

Inmediatamente una mezcla de ira y miedo entró en mi sistema.

Me encontraba solo, lejos de mis amigos y respaldos que horas antes me habían insistido en no andar por ahí solitario en otras laderas. Pero haciendo caso omiso de mis camaradas y atendiendo las solicitudes de mi otra cabeza (la lasciva, la que no suele pensar sino actuar), me vine a ver si esta mujer me soltaba algo.

El amor, o más bien el amure, encoñe, capricho, traga, tusa etc., era algo bien jodido. Mirá que bajar la guardia y exponerse por una pendeja que, una vez consumada la echada de perros, no la ibas a ver más, eso sin contar el billete que se gasta uno en el grasiento motel.

Pero valía la pena, al menos eso pensaba mi cuerpo. Es que estaba tan buena que mi carne la reclamaba a gritos. Un amure de esos bastante maricas diría mi madre.

Este par no andaban solos. Otras dos piltrafas acababan de

parquear la moto afuera y uno de ellos se acomodaba algo a la altura de su correa.

Espero que Marcelita baje rápido con un celular de los que ella carga, esta guevonada requería una llamada al Alex y los muchachos para que vinieran y me dieran una manito.

Don Oscar me mira de reojo como insinuando que pa salir de estas voy a necesitar mucho más que el taco de billar que tengo en mis manos.

La adrenalina me empieza a consumir mientras reviso mi vieja protectora en mi cintura. «Bien, cargada y dispuesta... esta nena está lista para el baile si es que lo va a haber» - Pienso instintivamente.

Me acuerdo repentinamente del cucho, en lo que me decía de la vida cuando se tomaba sus tragos. «Sé que le trajimos a esta vida a sufrir... que quizás hubiera sido mejor no traerlo a este basurero, pero su mamá estaba empecinada en tener un crío que pudiera llegar a ser lo que nosotros no fuimos. Lo único que le digo es que el camino no está escrito y que usté puede cambiarlo cuando quiera mijo».

Dos meses después lo habían trancado a bala unos cagones que le querían quitar la plata en su puesto de perros calientes, ese par tampoco vivió mucho después de eso, yo mismo me encargué de escribir un nuevo camino para ellos.

Por un momento dudo si esto es lo que realmente quiero y si será lo mejor... ya antes había salido enterito de varias pero la virgencita sólo nos perdona unas cuantas.

Pero recuerdo a Claudia y la duda desaparece y pienso con resolución en el viejo Clint y en mi cabeza aparecen las palabras *«Go ahead punks... make my day»*.

Nada de Marcelita, estoy maniatado. Agarro mi cerveza y me la embuto de un viaje.

El mayor de los Giraldo mira al fondo de las mesas de pool y se me queda mirando.

Sé que me ha reconocido. Su cara se transforma y suelta la media de aguardiente que acaba de pedir para señalarme ante su hermano, este otro se lleva la mano a su cintura y sé de inmediato que esta tarde habrá carambola o pailas.

Y así como en las películas de esos de la USA, como en las del viejo Clint, en esos momentos el tiempo se congela y por unos instantes la vida y los seres escapan a las reglas de la física.

Unos cuantos segundos parecen eternidades y la cabeza se monta en automático para así resolver la cuestión de supervivencia.

Mi mano ya está en el gatillo, apuntando, disparando y esperando no concretar a ninguno de los allí presentes mas que al cuarteto que tengo encasillado en mis pupilas. Los otros no tienen la culpa de esto, espero no tener que hacerles espacio en mi consciencia.

Por milésimas de segundo se produce un interminable baile de proyectiles.

Veo que uno de mis lanzamientos corona la nariz de uno de los Giraldo mientras siento una pequeña mordida en mi estómago.

«Azaroso asunto» - pienso - «uno nunca se acostumbra del todo a tanta emoción encapsulada».

El resto de presentes busca refugio y se tiran en clavado al frío piso esperando sumergirse en las baldosas para escapar de la lluvia de plomo.

Algo brota de mi camisa... algo muy denso y pesado pero la segunda descarga de munición me aparta del hecho de no recordar haberme puesto ropa rojiza aquel día.

Cinco embates certeros parecen acabar con la improvisada conversación entre ellos y yo... el otro Giraldo había recibido un par de saludos míos en su pecho y uno de los acompañantes de la moto guardó otro en su frente y cuello; su copiloto simplemente salió volando de allí.

Silencio total. Un breve mareo (no de los buenos) empieza a recorrerme mientras los pies débiles se doblan hasta tocar el encharcado piso.

Creo que me fue bien...

Creo que después de todo he logrado meter unas cuantas en la buchaca.

Pienso nuevamente en mi hermanita y una combinación de alivio y angustia van de la mano con un largo suspiro en mi pecho.

Ahora sí entra cantando el dolor como un trago en reversa. Las luces se me van por momentos y me cuesta bastante respirar. Imágenes de mi apá y de mi amá se empiezan a cruzarse en mi turbulenta cabeza.

Mi hermana...

El campo.

La finca.

Los amigos, el fútbol, mi vecinita y primer amor...

Mis años de niño jugando en el barro.

Me siento extraño, ido, desvaneciente y resignado.

Oscuridad total.

De alguna manera reúno fuerzas y luego de un extraño suspiro eterno logro salir de allí.

Como un autómata vuelo inmediatamente a buscar algo que yo ni sé con claridad. Y es precisamente cuando me encuentro nuevamente a los Giraldo... ¡era imposible!, estaba seguro de haberles dado su merecido final a los bastardos.

Igual ya no me afectaba... de todas formas, lo había logrado. Lo que instintivamente andaba buscando ahora ya me pertenecía. Fue casi inmediato, instantáneo y sin anestesia. Que se jodieran ese par de maricas porque este botín ya era mío.

No veía la hora de correr a contarles a mis amigos, a mi amá... a Claudita. De mostrarles lo que había conseguido.

Atrás habían quedado ya todos esos rostros y quién sabe onde andarían ahora pero de seguro me los toparía en alguna otra esquina.

Ya nada de lo pasado importaba pues, acá en la sala de maternidad, este nuevo cuerpo ahora me serviría para escribirme un nuevo camino... justo como mi pá me lo dijo.

El llanto ansioso de un nuevo bebé que llegaba a este mundo reverberó por entre los pasillos de la sala de maternidad al instante en que una ambulancia traía en una ensangrentada camilla el cuerpo inerte de una nueva víctima del billar y de las tres bandas.

Instrucciones para un beso

"Tu me recuerdas el gran amor que nunca he tenido"
Palabrasmalditas.net

Sentado en el parque Federico repasaba una y otra vez su estrategia para finalmente, incursionar en los misterios bucales tan anhelados y buscados por la gente adulta.

Mientras dibujaba, rayaba, hacía algunos círculos y garabatos, su pueril mente revoloteaba en torno a la estrategia para alcanzar lo que muchos de sus pequeños amigos aseguraban ya haber logrado.

No era para mucho - pensaba - una vez la tuviera en frente se abalanzaría sobre su víctima e invadiría su paladar.

¿Qué tan difícil podría ser?

Claro que lo había visto ya innumerables veces en la televisión y las novelas y, a pesar de su corta edad, consideraba que ya era momento de dar el "gran salto" a la madurez.

No obstante, seguía pensando una y otra vez que tan simple tarea (a simple vista él así lo pensaba), escondía un riesgo que no alcanzaba a palpar; una desgracia oculta que sobrepasaba los límites de su entendimiento, una corazonada… un gato encerrado.

¿Qué había de excitante en palpar la lengua de una niña?, ciertamente no era como jugar un partido de fútbol bajo la lluvia o tocar timbres al azar para luego escapar raudo en medio de carcajadas… sinceramente, por más que Federico le daba vueltas al asunto, no comprendía el obligado protocolo de tener que aventurarse en las fauces de las especies femeninas para ser considerado un "varón" como constantemente le alentaban sus camaradas infantiles.

Por un momento dejó su cuaderno y su lápiz y estuvo meditabundo. Algo no andaba bien con este plan que, a pesar de estar él fraguándolo, había en el aire un olor a emboscada – pensaba para sus adentros.

Ya había tenido la oportunidad de observar la lamentable metamorfosis en su hermano mayor. Al principio sólo eran juegos, fraternidad y escapadas de casa con su compañero de cuarto y de sangre (y había que sumarle algunos moretones sufridos por la ya conocida jerarquía entre hermanos mayores y menores claro está). Pero luego llegó ella a la vida de su hermano y poco a poco las travesuras, aventuras y castigos compartidos fueron cambiados por los suspiros de Andrés hacia la pequeña usurpadora esa de cabellos ondulados.

Lo cierto es que ya nunca más le volvió a ver tanto como antes.

Andrés llegaba con las mejillas coloradas y una extraña mirada de loco inepto y catatónico a quien le habían licuado el cerebro a punta de alguna clase de electroshocks. Ya no era él… había sucumbido ante la *fatalité* de las mujeres, había sido inevitablemente abducido por uno de esos mortales representantes de una raza de la que muchos habían caído prisioneros.

Trató de advertírselo, pero fue inútil. Parecía un mortal títere… un muñeco wanga.

Sin embargo, Federico estaba determinado a continuar con su plan, a correr el riesgo de aventurarse en la *terra ignota* de un beso.

Lo que él nunca había podido entender era la geografía del afecto, la cual parecía estar dividida en varios "chakras" y de los cuales uno de los ejes centrales era definitivamente esa caverna húmeda con poderes de hechizar a los exploradores que osaban arriesgarse a entrar en dichos reinos.

Si en verdad todo ello se trataba de afecto, a veces pensaba que sería más fácil una sutil y tierna patadita o un apretón de manos con un poco de líquido de babosas (o lombrices de tierra en su defecto).

Todos en su grupo de amigos sabían que si querías demostrarle cariño a un amigo, simplemente destripabas varias lombrices o babosas en tu puño y luego le dabas la mano (sin que esa persona se diera cuenta de lo que escondías en tu palma). Luego de ello, lo más probable es que el receptor de dicho gesto de amistad, en una muestra de asco, te devolviera la afectuosa transacción con una patada o un amable puño; todo ello siempre terminando en risas y como parte invariable del protocolo entre hombres y niños que se quieren.

Fuera como fuera, aquello le parecía algo mucho más higiénico y puro que andar metiendo la lengua de uno en lugares desconocidos.

Pero era consciente que quizás lo anterior supondría cambiar el orden natural de las cosas que sus padres y la regordeta maestra de biología, la Sra Vera, se habían tomado la molestia de explicarle con tanta vehemencia.

Y es que a los adultos sí que les disgustaba que les cambiaran el orden establecido de las cosas. Para ellos un beso era un beso y ya, no había porque cuestionarlo.

A pesar de todo, Federico seguía pensando que, para evitar problemas y optimizar el protocolo, lo mejor sería cogerlos a todos a patadas para hacerles saber que todo estaba bien y en señal de respeto.

Siempre le parecieron repugnantes las viscosidades exceptuando las de las babosas y lombrices (y lastimosamente nadie le advirtió sobre la sorpresa que le venía en camino cuando, al crecer, aumentara la interacción con aquellas que suelen vestirse de falda). No obstante, decidió de una vez por todas hacerse un "hombre", entregarse a las órdenes de Cupido y experimentar aquello que todo ser debe vivir para sentirse "completo" en la vida.

Verónica llegó con un largo vestido negro, su rubio cabello recogido en dos finas trenzas acuñadas con una roja diadema, su boca brillante por una especie de sustancia viscosa, cual signo de advertencia de lo que se encontraba más allá en el fondo y, tras de ella, un séquito de amigas igualmente atusadas que la acompañaban a la cita definitiva ya pactada horas antes mediante un mail.

Ambos se miraron frente a frente por unos segundos y Verónica, sin mediar palabra, despachó a sus amigas con un gesto y algunas señas que sólo entre ellas conocían.

Al quedarse solos, Federico tomó la iniciativa y, caballerosamente (según el protocolo de los adultos) la trató como alguna vez le había dicho su abuelo y la invitó primero a cenar perros calientes en una esquina del barrio San German des Pres. Todo el tiempo estuvieron sin hablar y se ocuparon de merendar de acuerdo al plan.

Luego de un rato y continuando con los apuntes que le había dado su abuelo la invito a bailar, así que fueron a un mall cercano en donde Federico gastó unas cuantas monedas de su mesada al ritmo de *Dance Dance Revolution*.

A cada silencio, un prolongado análisis de mente a mente entre ambos... un calculado escudriño de miradas. Se podía sentir que se estaban estudiando con frialdad previa al ataque final que ambos anticipaban.

Poco a poco se acercaba el momento de la verdad, la instancia ceremonial de clausura en la que llevarían a cabo el acto que sellaría gran parte de sus vidas de ahí en adelante.

Federico, como todo un *chevalier* y bajo un frondoso sicómoro, miró por largo rato la boca de Verónica en la cual aún se podían ver algunos pedazos de salchicha. Respiró profundo, miró al cielo, dio una última mirada a su cuaderno de apuntes y, en un súbito momento de inspiración, la agarró de la cintura, le dio la vuelta grácilmente y le dio una fuerte pero tierna patada a lo que ella respondió con un vigoroso pellizcón de orejas y un jalón de pelos que duró por instantes que parecieron milenios.

Ese día y bajo el sicómoro como testigo, surgió uno de los más grandes amores de la historia.

El viejo este

«Señor… dadas las circunstancias, entrego una vez más mi espíritu a tus manos y a tu merced. Haced con mi mente y mi corazón lo que os plazca. Sólo recuerda compadecerte de mi alma ahora que se acerca este nuevo duelo con la vida».

Había algo de risa burlona en el espejo en el que Christian, ensimismado y con un leve aliento a whisky, repasaba una y otra vez la posible estrategia de conquista en este decisivo duelo.

Muchos enfrentamientos llegaron a su mente, recuerdos polvorientos de antiguos duelos de los cuales había salido victorioso en algunos, maltrecho, herido y apenas caminando en otros. Un mercenario de muchas batallas, un viejo zorro de mar como llamarían en el océano a aquellos combatientes que habían logrado sortear miles de embates y tormentas, que luego habían quedado plasmadas en algún ojo de vidrio o en una autista lora que incansablemente repetía «tierra a la vista, arriad las velas».

Y no eran precisamente pies de palo o articulaciones amputadas las que cargaba Christian. Sus heridas eran otras. Oh sí… llevaba con él un lastre de profundos golpes y laceraciones bajo su humanidad. Uno que otro puñetazo… varios impactos en su ser.

A pesar de todo, allí seguía. Crueldad, masoquismo, adicción por algunas sensaciones mortíferas dirían quizás algunos.

Son extraños y muy íntimos aquellos momentos en que un ser sabe que se va a enfrentar con lo desconocido.

Una antesala a una tormenta que lentamente va levantando polvareda a medida que se acerca. El pulso rápidamente se acelera y la sangre empieza a hervir con velocidad fantástica.

En esos momentos no se piensa, no se razona... simplemente se arremete contra el destino frente a ti en forma humana.

Una última mirada alrededor para ver sin realmente observar a muchas otras almas que miopes susurran y cuchichean a medida que Christian se abre paso entre la multitud.

Un breve momento para elevar una plegaria al cielo y recordar a los caídos en combate. Un suspiro para apaciguar el torrente de emociones que recorren de palmo a palmo su ansioso cuerpo.
Dieron las 12 finalmente...

El tiempo se detuvo y aquel guerrero solitario se apresuró vacilante a la búsqueda de su víctima... al inexorable encuentro con su destino.

No mirar nunca a los ojos... al menos no todavía. Parecer calmo, listo, seguro y certero. Mirar al cielo y quizás ofrecerse en sacrificio – pensó.

Todo entra en cámara lenta.

Una lejana música comienza a desvanecerse en los oídos de Christian.

Varios pasos hacia el frente. Empuñar armas y alistar la estrategia que permita alcanzar la victoria.

Acercarse.

Tragar saliva.

Aceptar el propio destino…

Escudriña entonces la mirada enfrente de él. El otro par de ojos le observan con calma. Saben que él va en su encuentro. Le analizan fríamente.

Antes de arremeter vacila por un momento para tomar un último aliento y finalmente pronunciar las tan repetidas y disparadas palabras:

- Hola – dice Christian - Sé que me han herido en el pasado. Sin embargo, hoy quiero nuevamente correr el riesgo y aceptar este duelo.

-¿Cómo te llamas bella mujer?

"Perfecta para mí"

♪ *I love to hate you* ♪
Erasure

Oh bien… otro sábado para aquellos que tenemos que trabajar religiosamente por el sagrado pan familiar mientras los perros afortunados de esta vida descansan su guayabo de un usual viernes lleno de la misma mierda entre copas, chismes y adoración a sus *Iphones*.

Letárgica y mecánicamente logro terminar mi trabajo por el día de hoy, y siendo las 12 del día, agarro la buseta para dirigirme a donde aquellos que, en un esfuerzo carnal, terminaron dándome un cuerpo en el cual vivir.

- Gracias por nada viejos – pienso para mí mientras escarbo en mi bolsillo por unas monedas para pagar al conductor.

Por más de 16 años siempre lo mismo, el inexcusable sábado en casa de mis padres, el mismo alimento sabático y el aguantar las charlas de madre acerca de sus últimas visitas al médico, de cómo en el pasado sólo había respeto y pulcritud y lo difícil y peligroso que estaba todo últimamente.

Cómo un ser puede vivir tanto tiempo en la vida quejándose acerca de todo lo que le rodea, eso nunca lo entenderé.

La del asiento del lado me mira furtivamente mientras algo alega con su celular… quizás piensa que le voy a atracar o algo así pues un minuto después decide bajarse apresuradamente en la parada del parque.

Los sábados son extrañamente falsos y motivantes. Por un lado, son la fortaleza del alma de miles de personas pues la labor cesa y los planes empiezan a fraguarse para tratar de olvidar las vicisitudes de la vida en algún antro repleto de licor. Por otro, el maldito día nos recuerda a algunos lo efímero de la libertad y de la vida, pues el lunes está a sólo dos vueltas de la esquina nuevamente.

Finalmente; llego al barrio de mi infancia y me aferro al timbre para anunciar mi parada.

Llegué a casa de mis padres temprano… a eso de las 12:58. Bien, no me he perdido los deportes en el noticiero.

Ah… el viejo hogar. Mi fortaleza de soledad, juegos e indiferencia, mi campo de aventuras de la niñez. La dulce y recordada niñez en la que, para fortuna de mi misantropía, nada ni nadie me ponía mucha atención. ¡Todo era tan fácil en ese entonces!.

De repente recuerdo a Neruda y a mi memoria regresan aquellos tiempos cuando, en los descansos de la universidad, nos íbamos a la casa de las hermanas Martínez a fumar marihuana, hacer el amor libremente y a leer poesía.

«En mi casa he reunido juguetes pequeños y grandes, sin los cuales no podría vivir. El niño que no juega no es niño, pero el hombre que no juega perdió para siempre al niño que vivía en él y que le hará mucha falta». Pablo Neruda.

Muy fácil para él decirlo, imagino que el comunista chileno ese nunca tuvo que trabajar todos los sábados ni montar en bus como el resto de nosotros los mortales.

El crujido de la puerta me arrebató de mis nostalgias universitarias a la par que dejaba ver la figura de una señora regordeta, baja de estatura y con cara de reproche.

-Hola mamá- dije monótonamente.

-Ya íbamos a empezar sin usted- replicó ella al instante mientras me miraba inquisitivamente como sólo una amorosa madre lo sabe hacer.

-Es increíble Juan Camilo que aún monte usted en bus (mi madre nunca me tuteaba). ¿Sí sabía que su primo compró carro?... Ah!, pero es que su primo José Fernando siempre fue un triunfador en la vida. Lástima que a usted no se le haya pegado alguito de él.

Mi bruxismo empezó a responderle en silencio lo que pensaba de sus sobrinos o de sus podridas palabras mientras mi pétrea mirada la visualizaba sin pestañear.

- Y cómo sigues mamá – dije hipócritamente tratando de matizar el inicial saludo. Te ves más radiante que nunca - finalicé con una sonrisa un tanto sardónica.

Ella simplemente me miró y murmuró algo acerca de lo que hay que aguantar como madre y una especie de diatriba dirigida a las alturas en la que argumentaba una ya muy bien ganada entrada al cielo por el sólo hecho de soportar a la gente que le rodeaba.

Ella me franquea el paso y yo entro con un incipiente dolor de estómago.

El viejo estaba allí, como siempre, en su mecedora. Aún llevaba su piyama y unas pantuflas y estaba sorbiendo un vaso de ron. Sus ojos idos y rojos se encontraron con los míos para luego acusarse recibo con una fugaz levantada del ceño. Junto a él se hallaba una dama «cuarentona» que parloteaba sin parar al oído ausente de mi padre. Al verme se sonrió de manera caprichosa y con una mirada de buitre dijo algo acerca de la puntualidad, el hambre que sofocaba las entrañas y la falta de respeto que era llegar tarde.

¿Y ésta quién era… quién se creía? - me pregunté calladamente.

A pesar de mi inicial mueca de repudio, por milésimas de segundo sentí un fugaz deseo carnal por aquella mujer que acompañaba a mi padre. Luego… simplemente quise amordazarla con un alambre de púas. «Uno debería cargar alambre de púas en el maletín » pensé para mis adentros – «nunca se sabe cuando uno lo pueda necesitar».

Mientras mi padre se servía otro trago y las dos señoras hablaban de la hija embarazada de éste u otro conocido, aproveché para escabullirme un rato hacia la sala para ver los deportes en las noticias.

Recordé inevitablemente mi época como defensa centro en el torneo de ascenso. Como rezaba el dicho en esos tiempos «o pasa el balón o pasa el jugador, pero con Juan Camilo nunca los dos».

Una fractura de cabeza en un choque con un jugador contrario había sellado una promisoria carrera como carnicero de delanteros.

Quizás mi vida hubiera sido distinta. Quizás estaría ahora almorzando en un lujoso restaurante italiano susurrándole al oído a una hermosa mujer que estuviera locamente enamorada de mí o de mi dinero; eso era lo de menos.

Ya comienzan las noticias de la farándula… decido retirarme antes de saber con quién se está acostando ya este u aquel otro famoso.

Al llegar al comedor están ya todos sentados y, mi padre en medio del parloteo de las urracas, se sirve otro vaso de licor para escapar aún más de esta monótona realidad que se ve obligado a soportar.

En sus ojos se alcanza a notar un halo de tristeza y desolación disimulados por una fachada de "toughman" que siempre quiso aparentar.

La señora aquella de cuando en cuando me mira de soslayo y siento sus ojos sobre mí como un par de aguijones cargados de veneno y podredumbre.

Me siento mal, incómodo y sin apetito. Maldita sea mi suerte... lo poco bueno de un sábado y precisamente me toca compartir la mesa con esta señora. Sin embargo, había algo en ella que inexplicablemente me atraía.

Se puede decir que había sido una mujer bastante atractiva, mas su cabello castaño y sus pulidas facciones terminaban perdiendo su magia una vez abría ella la boca para hablar. Era como mirar *Les demoiselles d'Avinyó* de Picasso; había algo bello en ellas, pero la deformidad y lo absurdo se llevaban toda la atención.

Me di cuenta poco a poco que simplemente no soportaba la presencia de ese ser.

Sus disimuladas indirectas y miradas, sus pómulos exageradamente ungidos en rubor, su cara, su aguda voz, sus fríos ojos, sus tobillos, sus caídos senos, sus manierismos, su pomposidad y desmesurada altivez... simplemente odiaba a esa mujer.

Si el mundo estuviera repleto de ellas, me entregaría sin duda a la profesionalización de la misoginia.

No entiendo porque asistía ella a este tipo de convites. A mi refugio. A mi escondite. A la que siempre fue mi casa. Bien prefería haberme quedado encerrado en la oficina leyendo un libro o jugando solitario en el computador.

Sin embargo, debo reconocer que a ratos admiraba su retorcida esencia. ¿Qué había en sus ojos?... un perfecto odio como el de ninguna.

Mientras sonaba la olla con el estofado, insulsas conversaciones sobre este u otro sobrino que andaba en la droga, tetas operadas y demás, iban y venían a lo largo de la mesa.

Mi padre parecía haber terminado por caer en un profundo sueño de medio día y una fina baba rodaba por su boca abierta.

Finalmente llegó la comida.

Mi madre sirve y lo hace como si esta fuera a ser la última, rebosando los límites de la vajilla hasta parecer un cataclismo gastronómico.

«Quizás trata de matarme de hastío alimenticio» — me dije.

Más viandas me ofrece ella y las desprecio con un falso y cortes «no gracias».
No entiendo qué seguía haciendo aquí esa otra arpía. Ella me mira... y yo a ella.

Le echo más picante a las empanadas. El venerable primo José Fernando lo trajo de su último viaje a México. Mi boca arde más y más a medida que ella ríe junto con mi madre sobre un chiste acerca de los hombres y los cerdos.

Mi gélida mirada no disimula ya el desprecio que tengo por aquella mujer... si es que verdaderamente se le puede llamar así a un demonio con tacones.

Sábado tras sábado lo mismo durante 16 años.

Mientras ella sigue parloteando, fantaseo en mi mente sobre su funeral. La veo ahí tumbada y yo, sonriente, echo tierra sobre su féretro.

Busco un poco más de ají, la garganta me arde, sudo, estoy vasodilatado, pero no es a causa del pique precisamente.

-Me han subido el sueldo... mi jefe está supercontento conmigo y parece que me van a ascender- dice ella como si estuviera dando un discurso en una plaza pública.

«Si sólo Satanás supiera dónde están sus hijos» balbuceo mientras jugueteo con el pique en el frasquito de cristal.

- También he estado yendo al gimnasio y déjenme decirles que mi instructor y varios jóvenes no paran de mirarme.

«Noticia de última hora: mujer muere ahogada en su propio vómito luego de una sobredosis de aeróbicos y sauna» - fantaseo mientras la escucho.

Mi madre me mira y empieza a relatar la historia de su hermana, la cual murió de una fulminante gastritis... lo hace mientras me arrebata de las manos el tarro de ají.

Mi padre despierta, se queja de su vejiga y lo llevo al baño a que desahogue su pena. Mientras se descarga, me mira con apatía y dice – Hijo, como dijo Napoleón una vez: «Las batallas contra las mujeres son las únicas que se ganan huyendo».

- No más licor- le dije al tiempo que le subía la cremallera.

Volvimos a la mesa justo a tiempo para el café.

De nuevo miro a aquella mujer fijamente y una mueca sarcástica se dibuja en mi cara.

Tengo unas súbitas ganas de escupir.

Termino mi café a la par que ella.

Ella finalmente se levanta de su asiento y besa a mis padres halagando el maldito almuerzo familiar con un «Como siempre, que ambiente tan agradable, hagámoslo de nuevo el próximo fin de semana»

- Maldita hipócrita – pienso al instante.

Finalmente se dirige hacia mí; camina lentamente como el leopardo acechando a su presa.

Se detiene un momento… siento escalofríos. Ganas de vomitar. De salir corriendo.

Finalmente pronuncia las palabras tantas veces oídas:

- Hoy te tengo una gran sorpresa – me dice mirándome con lasciva mirada.

Yo simplemente asiento con una falsa sonrisa y sólo atino a recordar que hoy es nuestro aniversario número 15 de casados entre Natalia y yo.

4 A.M.

J.M. Serrat

Con premura mis ojos se aventuran a palpar la latente oscuridad.

El poco sentido común dicta un desdichado cálculo de la situación horaria. Una o dos vueltas de calentamiento infructuoso en la cama, en un desesperado intento por asirse a lo onírico agonizante.

Una morbosa curiosidad de saber la hora… las 4 a.m.

¡Maldita sea! …demasiado tarde para escapar de la realidad, demasiado temprano como para entrar en ella.

A través de la pequeña ventana ojeo panorámicamente a la inerte ciudad. Qué gigante desperdicio de iluminación pública, qué enorme silencio.

Sólo dos o tres desdichados parecen conducir por el vacío de la noche… borrachos o esclavos del trabajo "decente" o criminal seguramente.

Es extrañamente a esta hora bastante matutina cuando uno se pregunta cosas tibiamente lúcidas. Es en estos inocuos momentos del día cuando finalmente uno deja la cicatería mental por un instante.

A esta hora, no está uno firmemente ceñido a un molesto traje a rayas, no hay filas ni charlas sobre el bien o el mal, la vida o la muerte y las promesas y las lascivas miradas de "amor" de una mujer se ocultan bajo el frío velo de la madrugada. Nada…nada que nuble nuestros sentidos.

A esta hora no parece haber un acechante orden mundial… tal vez los tiranos sí duerman después de todo.

Es ésta una hora extrañamente calma, casi un preludio de posterior hecatombe o tal vez un anticipo de este maldito e inevitable lunes que se asoma vertiginoso.

Decido volver a sumergirme en un sueño apático en un único intento por escapar del tiempo y del espacio otro par de horas más o… ¿tal vez por siempre?

Logro con suerte aferrarme a los últimos nubarrones mentales que dictan la placida inconsciencia del sueño.

Estoy de nuevo adentro de la *matrix* onírica celebrando jubilosamente otro escape de la irrealidad de este mundo y sueño con vos.

Estamos ambos tendidos sobre un cálido tapete de arena blanca, abrazando con fulgor el asomo de un tímido sol matutino.

Te encontrabas tendida boca arriba, desafiando insolente aquella inmensidad azul que brillaba como el oro bajo la flameante calidez y brío de aquel astro radiante.

Sosteniendo un vetusto cuaderno, te inclinas hacia mis incautos labios que, agradecidos, comienzan a recibir los jugos de tu refrescante boca.

Besarte duele; son besos de mortal plasma escarlata. Sin embargo, son besos que me exoneran de antiguas tribulaciones.

Te observé por largo rato… amaba tu mutismo Diana. No precisamos hablar más, todo estaba completo.

Alabando tu presencia, ojeé el magnífico cuadro que se presentaba ante nuestros ojos.

La playa, adornada por imponentes palmeras, daba la sensación de gran inmensidad, contrastando con los tonos naranja y azul que se colaban entre las olas del apacible océano. Tu piel se había tornado canela, la cual, ante los ojos de los despistados cangrejos, parecía un gran caramelo fundiéndose sobre si, inerte, perezoso, dormido… bajo la suave brisa que mecía las palmeras.

La magia transcurre y el tiempo se detiene cuando alcanzo tu cintura y la rodeo con mis torpes manos. De allí en adelante todo es un borroso vaivén de saliva y lascivas miradas que devoran con ansia aquel sublime caramelo… todo para mí. En últimas, todo se trata de comunión, de generar vida, de sexo… la vida entera lo era; Freud se cansó de repetirlo.

De repente, y cual si arrancado del paraíso, algo me jala sin remedio y sin medida hacia otras latitudes mentales.

Retrocedo vertiginosamente a un vacío existencial.

Arañando y pataleando con fuerza me sacudo indignado hasta golpearme con la mohosa pared.

Un cuarto gris y mortecino asoma ante las virginales pupilas aún humedecidas por el laborioso esfuerzo de intentar visualizar este ajeno mundo.

Los ojos, forasteros a la armonía lumínica lunar, a lo recto y dimensional de esta tierra, titilan errantes tratando de asirse a esta nueva realidad.

La plácida manta de retazos ataviados suaviza momentáneamente las intensas tribulaciones de instantes atrás, de aquella maldita pesadilla de perderte hasta en sueños y de tener que justificar mis actos con la justicia por culpa de un desahogo de mi daga, la cual finalmente te envió a un mundo mejor.

Aquella cárcel nunca se sintió tan fría como aquella madrugada, pero no tanto como la silla aquella que habían designado para que fuera la juez y verdugo de mis actos.

FUNeral

Death is a disease
Clint Mansell

- Era él un buen tipo… - decía Héctor mientras sorbía el resto del oscuro tinto que la funeraria había dispuesto para los asistentes en éste, un típico funeral de sábado en la mañana. - Por otro lado — continuó - Lo bueno de los funerales es que la mayoría de la gente tiene una perfecta excusa para reencontrarse, tomar un café, ponerse al día y hasta para intercambiar sus pines del BB. Además, es *"no cover"*- dijo como rematando un monólogo de *stand up* barato.

Tomás, que distraído oyó de lejos la conversación, se unió a ésta para escuchar el parloteo, además, mientras más lejos del féretro menos afligido se sentía. Mejor estar con estos parlanchines que con la recua lacrimosa allí gimiente frente al ataúd.

La señora del tinto interrumpió para ofrecer otra ronda de café y croissants. Ciertamente el servicio funeral iba tomando cada vez más matices de *brunch* sabático campestre. Creería uno que en cualquier momento servirían el *champagne* y entrarían los *caddies* para repartir los tees y las bolas.

- Personalmente creo que era algo maniático y loco - intervino Cristian. Ya saben- continuó - nada de hijos, socialmente inadaptado, excesivamente bohemio y distraído. Ni que hablar de las mujeres que adornaron su vida. Una tras otra cayeron en apatía ante su recalcitrante e inútil búsqueda de lo etéreo. Quienes lo conocieron saben a qué me refiero, su constante parloteo acerca de otras vidas, espiritualidad y todas esas otras fruslerías de filósofo frustrado.

Tomás seguía minuciosamente la conversación y sintió un poco de nauseas ante las palabras de Cristian. Pensó con algo de tristeza que realmente pocos o ninguno de los allí presentes habían realmente entendido a aquel individuo que él personalmente había conocido tan bien y tan de cerca.

Un tercer escucha tomó la palabra mientras respondía un mensaje de texto en su celular.

- Es verdad – dijo Adrián - Desde el mismo momento en que lo conocí, supe que el pobre bastardo no iba a llegar a ningún lado, se le podía ver en la mirada - concluyó a la par que terminaba de enviar el SMS.

Tomás no podía creer lo que escuchaba... sin embargo, guardó silencio y siguió atento a la conversación.

En ese entonces, se unió al corillo otro personaje llamado Diego proponiendo una vaca para media de aguardiente ya que «el día estaba frío y eso es lo que nuestro amigo hubiera querido».

- Que la virgen y dios se apiaden de él - dijo una muy atractiva mujer de cabellos rubios – Él era un típico *fou à lier.*

- Pues yo creo que el hijo de puta se ganó con creces su entrada al infierno. No me malentiendan, no es que tuviera nada contra él, sólo que la sociedad debería aislar a estos maniáticos que corrompen a los jóvenes con sus constantes discursos sobre libertad religiosa – dijo Roberto, amigo de la familia y sacerdote de su infancia. - ¿Y cómo va la empresa Miguel?

La desazón de Tomás pasó de rabia a cólera y a punto estuvo de intervenir de no ser por Diego que furtivamente se había ubicado en medio de este improvisado debate para mostrar con satisfacción una botella de guaro y unas copas que había ido a comprar afuera del cementerio.

Tomás decidió entonces nuevamente callar y no decir nada por el momento.

Allá, en el fondo, la procesión de conocidos y desconocidos seguía desfilando por el féretro mientras que algunos niños afuera jugaban a las escondidijas entre los árboles y lápidas.

Los allí presentes se sirvieron varias copas para animar el frío ambiente que ya se tornaba gris y olía a lluvia y miraron inquisitivamente a un tal Ricardo que llegó con la bragueta abajo junto con una delgada muchacha; con rastros de pasto y pétalos de gladiolo en sus ropas y murmurando algo acerca de lo excitante que era calentar tumbas.
- Que el altísimo me perdone — intervino una bella mujer de cabellos castaños y ondulados- pero sinceramente creo que él estaba bien demente como acaba de decirlo Diana. Quizás hasta era un psicópata en secreto. Ya saben, todos esos años encerrado sin más compañía que sus libros y para acabar de rematar, sin pareja. Una persona normal no se comporta así.

- Debe usted haberlo conocido muy bien para afirmar tales cosas señorita — dijo Héctor, a lo que la señorita se encogió de hombros y abandonó la conversación para ir al baño.

Y así una a una se fueron uniendo más personas al debate, unas con más historias exacerbadas sobre sus experiencias con el finado, otros simplemente a escuchar, al igual que Tomás, acerca de cómo este comité intentaba recapitular el libro de vida de un alma que habían visto fugazmente pasar por sus vidas.

El animoso grupo mandó por más licor y las nuevas botellas paulatinamente se fueron consumiendo entre esta y aquella anécdota.

Al paso de una hora sólo quedaron dieciséis individuos contando chistes y haciendo planes para encontrarse después del funeral…

después de todo, era sábado y, aprovechando este inesperado reencuentro de viejos amigos, no había porque desaprovecharlo.

Para concluir, muchos de los allí presentes estuvieron de acuerdo que, a pesar de todo lo sucedido en la mísera vida del hijo de puta, él había sido divertido y que su existencia había sido como ver una de esas novelas grasientas y estúpidas pero adictivas.

Repentinamente el viento empezó a soplar y la lluvia comenzó a abrirse paso entre los allí presentes y la manada corrió a refugiarse en sus vehículos y a buscar a sus hijos y esposas.

Tomás lentamente se alejó sin despedirse. Reflexionó un poco sobre el olvido, la fragilidad de la vida y lo insustancial de la existencia.

Decidió por última vez dirigirse al ataúd, allá en el fondo.

Vacilante, se acercó al que había sido su propio cuerpo y se preguntó si alguien… alguien alguna vez alguna vez en su puta vida había logrado conocerle verdaderamente.

Dio tres vueltas por entre los pocos asistentes que a esa hora se atiborraban de café, aguardiente y consomé; dio un largo suspiro y finalmente alzó el vuelo hacia terrenos desconocidos.

La ciencia había acertado una vez más. Ciertamente no había vida después de la muerte… sólo falsedad, pendejos y conocidos que estaban llenos de mierda.

De conservar la materia y otras leyes

Desde muy pequeño Ángelo solía agarrar su mantita y se escabullía furtivamente a la terraza a contar estrellas en la intimidad del anochecer.

Allí, en medio de la soledad de la noche y en el punto más alto de su vieja casa en el centro de la ciudad, él jugaba a contar y a darles diferentes nombres a aquellos astros luminosos que aún se podían ver en medio del imperante *smog*.

Simplemente se acurrucaba abrazando sus piernas sobre el carrasposo tapete de cemento y permanecía allí por largas horas, tiritando del frío, pero sintiéndose cobijado por la inmensidad del impávido cosmos.

Vega, Espiga y Agena eran algunas de las visitantes que, noche tras noche, se convertían en sus fieles amigas y confidentes y soñaba intensamente con poder arañar un pedacito de cielo y con arrancarle las "esquinas" a las celestiales caprichosas del firmamento… casi como cuando se deshojan margaritas. Al pensar en ello sonreía, pero era una sonrisa cargada de melancolía y suspiros que su pequeña mente no alcanzaba a comprender.

A su memoria llegaban las palabras de la bella profesora Katherine que les decía que, a pesar de poder verlas en la negritud de la noche, la luz de las estrellas realmente se tardaba cientos, miles e incluso millones de años en llegar hasta la Tierra, haciendo que fuera muy probable el hecho de estar mirando sólo un espejismo, un mentiroso reflejo de algo que ya hace rato había dejado de existir.

Aquello le hacía sentir que en realidad estaba observando el pasado y que, por lo tanto, mirar al firmamento era mirar un ayer del que sólo un registro luminoso quedaba como evidencia de algo que alguna vez brilló con luz propia.

También le llamaba la atención el que algunas de las estrellas allí plasmadas en el cielo, tan caprichosas y bellas, tan dóciles e inocentes, eventualmente se convertirían en agujeros negros que sólo calmarían su voraz apetito tragando y destruyendo a otras a su paso hasta dejar un vacío; una nada que brillaría por su ausencia por el resto de la eternidad.

Armado con un cuaderno y un lápiz, pasaba horas enumerando y dibujando a sus lejanas amigas hasta que el cansancio le vencía y decidía nuevamente regresar a su cuarto antes de que aquella que se hacía llamar madre se enterara de sus reuniones secretas con el cosmos.

Sentía una inmensa y extraña sensación de libertad al estar allí en la terraza de su casa con sólo la noche de compañía y meticulosamente fue guardando uno a uno sus dibujos, hojas de cuaderno y notas bajo el gastado colchón que le servía de lecho y en el que continuaba por largo rato pensando en la belleza y majestuosidad de aquel fulgor emanado por aquellas que habitan el frío lienzo cósmico.

"Me pregunto si las estrellas se iluminan con el fin de que algún día, cada uno pueda encontrar la suya" – Leyó aquella a quien secretamente idolatraba, la maestra Katherine, algún día en alguna clase de literatura. Después de ese día nunca volvieron a verla, nunca regresó, se marchó sin despedida alguna, se apagó en el firmamento de Ángelo y de sus demás compañeros de la escuela pública donde él había crecido mimetizado y alejado de los otros.

Allí en el antro educativo él era "el diferente". Entre las matemáticas y la clase de química, Ángelo ocupaba sus pensamientos en seguir dibujando estrellas y extrañas figuras en sus cuadernos siempre que tenía la oportunidad (es decir, casi siempre).

La clase de biología le resultaba en un principio repugnante. Disecar pequeños cuerpos, los fluidos, las vísceras, los órganos y partes… todo ello generaba en él una extraña sensación de curiosidad y malestar, una dicotomía de sal y dulce. Sin embargo, cerraba los ojos y apretaba los dientes, finalmente sobresaliendo en ello como uno de los mejores de su clase.

Ciertamente no era de los más populares en su escuela, estaba entre los *"geeks/freaks"* que todo el mundo molestaba; simplemente un alienado y desplazado más dentro de la fábrica del saber llamada "Colegio del Santo Socorro de la calle 44".

En una ocasión, luego de la clase de manualidades, Ángelo recibió una tremenda paliza; cortesía de los bullies del cole. La maestra Katherine les había puesto a crear una figura libre con arcilla y Ángelo había esculpido una hermosa figura de muñeca. Fue momentos después de la asignatura y al tocar la campana de salida que los demás "compañeros" de su salón le abordaron, le arrebataron la muñeca recientemente creada por sus manos, le gritaron "niña mocosa" y le cogieron a golpes y patadas por ser tan "mariquita".

Sólo cuando estaba tirado y sangrando, una vez más miró al cielo estrellado y vio allí el rostro sonriente y terso de una niña que, tierna y dulce, le extendió la mano y le abrazó "No les hagas caso… eres un gran chico".

Fue un suceso bastante conmovedor y confuso que tocaría las fibras más escondidas dentro de él… luego de ello soñó cada noche con aquella niña de su clase y la incluyó en sus pensamientos en sus noches de terraza con las demás estrellas.

Pasó un año más, una primavera más, un invierno más y muchos más vagabundos por la solitaria calle que él, de cuando en cuando, miraba desde su terraza y fortaleza y ni esas novedades (que ya se habían vuelto simples ordinarieces) y ni el frío ni el hambre lograban sacar del trance nocturno a este soñador muchacho de mirada vacía.

Hasta que llegó una velada de encuentro con el único ser capaz de eclipsar sus noches; una oscura energía en forma humana y con la capacidad de arrancarle abruptamente de sus encuentros estelares.

Aquella que por un título (del azar? conspiración del universo?) le llamaba hijo/mocoso/pelmazo/su-peor-error/ casi siempre trabajaba de noche pero que, en aquella ocasión, llegó más temprano que de costumbre y con los ojos desorbitados y un aliento que parecía haber sido alimentado con las botellas de cada bar de la ciudad.

"Conque allí te mantienes pequeño mocoso, baja ya de la maldita terraza a arreglar tu cuarto y la cocina. Siempre perdiendo el tiempo, siempre de holgazán. Maldigo la hora en que parí un engendro como tú, eres la escoria más repugnante que haya podido salir de mis entrañas, por qué, por qué dios mío tuve que resignar mi vida y mis sueños por un lastre como tú, desearía nunca haberte tenido… desearía que aquella noche en el callejón nunca hubiera pasado, quisiera destruirlos a todos, a ti, a tu mugroso padre y a sus borrachos amigos que se atrevieron a ponerme las manos encima… a todos y cada uno de este puerco mundo de mierda" – Era la vos estridente y venenosa del dios que le habían impuesto en esta vida y a la que le "debía" su existencia.

Ahora ella sollozaba y corría de un lado a otro moviendo sus manos frenéticamente hasta llegar a la altura de Ángelo, lo agarró de los brazos y lo empezó a sacudir mientras gritaba ahogadamente repitiendo una y otra vez "¿por qué.. por qué?".

De un empujón lanzó lejos al pequeño que la miraba con la mirada más glacial que alguna vez alguien pudiera haber tenido para con otro ser y, mientras él rodaba por el carrasposo cemento de la terraza, su madre súbitamente agarró sus notas, cuadernos y dibujos, sacó un encendedor de su bolsillo y les prendió fuego a la par que encendía un cigarrillo.

"Esto es lo que pienso de tus afeminados dibujos y estrellas, esto es lo que pasará con tu afeminada alma en el infierno pequeño bastardo, maldito fenómeno repugnante de mierda" – Gritaba ella mientras incineraba lo que Ángelo consideraba sus únicas verdaderas posesiones en este mundo, él sólo atinaba a rechinar los dientes, tan fuertemente que alcanzó a despicarse un par de ellos en el acto.

Finalmente su madre se marchó dejando solo allí a Ángelo en cuya mente revoloteaban mil pensamientos al unísono, cuál de ellos más confuso y vinagrado. Fue quizás la última vez que él dejó caer una lágrima por su rostro.

Luego de un largo suspiro mientras miraba al cielo, el pequeño recogió las cenizas de la improvisada hoguera que su madre había hecho con sus notas y dibujos, decidió guardarlas en el bolsillo que no estaba roto de su piyama y decidió regresar a su cuarto.
Caminaba lenta y pausadamente, casi como en un trance mecánico, ausente de cualquier emoción o sentimiento, simplemente siguió sus propios pasos sin un rumbo fijo.

En su interior comenzaron a aparecer pequeños y lejanos recuerdos de algunos abrazos, de momentos de caricias alguna vez recibidas, pero luego se tornaban abstractas esfumándose fugazmente. ¿Quizás ello nunca había sucedido? – Se preguntó.

"Es tan misterioso el país de las lágrimas…" – Pensaba Ángelo una y otra vez, casi como un mantra obsesivo y arrullador hasta finalmente caer en las manos de Morfeo y en su raído colchón.

Una tarde que Ángelo no había asistido al colegio por culpa de "una caída por las escaleras de mamá", la niña que la otra vez le había abrazado y defendido de sus rufianes compañeros de escuela llegó a su casa y la madre de Ángelo acudió a abrir la puerta. Al verla a aquella pequeña se sorprendió pero, con una mirada extraña y maliciosa, la invitó a pasar a casa y la sentó junto al destartalado sofá de cuero lleno de estrías.

Ana, la niña de ojos dulces y azules y pecas como estrellas, se sentó tímida ante la mirada sofocante de la madre de Ángelo. Cruzó las piernas y por poco tumba una pequeña porcelana de una bailarina que reposaba pálida en la parcialmente podrida mesa de la sala.

El cuarto estaba decorado con algunos afiches de vaqueros sin camisa que plácidamente fumaban cigarrillos, un almanaque de hace 6 años y que se había quedado detenido en el tiempo en la fecha del 12 de febrero y un cuadro enmarcado de un conocido slogan americano de "*shit happens*".

Se podía notar que la limpieza no era una de las prioridades en aquella casa pues varias botellas y ceniceros ocupaban "simétricamente" posiciones a lo largo y ancho de la sala.

"Ángelo mi amor… tienes visita mi cielo" – Gritó su madre con sonrisa sardónica mientras le hacía un inexplicable guiño a la recién llegada. Ana sintió un ligero escalofrío y cerró sus brazos sobre si misma como queriendo ahuyentar a un repentino aire helado que había entrado en la casa.

Ángelo bajó las escaleras, un poco trastornado y con cara incrédula, tanto por la forma tan cariñosa como le llamó su madre como por la visión de aquella pequeña y bella compañera de clase que le abrazó la última vez que estaba recibiendo una golpiza en la escuela. Inmediatamente se puso alerta, los vellos de la nuca se le erizaron y su cara, adornada ahora con un par de moretones, se puso rígida como el roble y pálida como cal. Podía oler una atmósfera de emboscada, un halo de puñal que se prepara a ser enterrado por la espalda.

Mirando fijamente a su madre, bajó cojeando el resto de los peldaños y se sentó muy cerca a Ana, como un guardaespaldas; como un soldado presto a lanzarse sobre una granada que sabe que está a punto de explotar y que quiere evitar a toda costa que hiera a la inocente transeúnte.

Ambos se miraron con una mirada extraña, como de lamento y lejanía. Ella como diciendo "lo siento"; él como expresando "gracias infinitas pero debes marcharte".

La madre, mirándolos atentamente como el cuervo a sus presas, juntó las manos y dijo: "Voy por un poco de limonada para ustedes par de tórtolos" – Y desapareció por el camino de la cocina en donde se detuvo para servirse un poco de whiskey y encendió un cigarrillo.

"Te traje la tarea dijo Ana. Son sólo unas cuantas divisiones y un trabajo sobre religión. Qué te paso en la cara?... y... ¿Por qué cojeas?

Ángelo quiso llorar por un momento, las palabras de dulzura no eran algo muy común en su vida y escucharlas de Ana hacían descongelar el gigante bloque de hielo que había construido para cuando se comunicaba con otras personas. "No es nada, me caí. No deberías haber venido hasta acá. No debes estar acá. Debes irte ahora mismo" – dijo él con voz seca.

"Pero pensé que ... tal vez... podríamos salir un rato a caminar o a jugar. Traje una muñeca para que juguemos con ella, sé que te gustan las muñecas, te vi en la clase de manualidades construir una muy hermosa, eso no tiene nada de malo, sólo son muñecas, hechas para jugar con amigos y amigas, todos en el mundo deben tener un amigo, alguien con quien reír… yo… yo quiero ser tu amiga" En ese momento llegó la madre medio tambaleando y con una oxidada bandeja en la que llevaba un par de vasos de lo que parecía ser una oscura y grisácea limonada, como si hubiera sido preparada con agua del río Ganges.

La madre soltó la bandeja en medio de la destartalada mesa de la sala y, sin mas ni mas, echó a reír a carcajadas. "Siempre pensé que eras un niñito afeminado Ángelo amor mío, pero ya veo que los genes de tu padre empiezan a aflorar dentro de ti. Qué piensas hacer con esta bella niña nene? Te la piensas coger como lo hizo tu viejo y tus amigos con tu bella madre? Anda, no es tan difícil, sólo tienes que escupirle en la cara mientras le subes la falda y…. – En un arranque repentino, Ángelo abrazó fuertemente a Ana y la envolvió en sus brazos, tratando de tapar sus oídos, tratando de alejarla del veneno que empezaba a inundar la habitación… lanzándose finalmente sobre la granada.

"Deja que ella escuche mi hermoso retoño, deja que sepa de una vez por todas que clase de mocoso mariquita llevas en tu sangre. Es inútil evitarlo, nunca podrás ser normal puerco asqueroso, bastardo, hijo de puta de mierda!!!"- La voz de su madre parecía ahora un rechinar en crescendo parecido al sonido de uñas sobre un pizarrón, como de un taladro penetrando en metal.

Ana pataleaba agónicamente. Ángelo, en su intento de aislarla de la repentina ópera de insultos de su madre, la estaba asfixiando. Finalmente la soltó y ella salió corriendo con lágrimas en los ojos. Se detuvo un instante en la puerta, miró a Ángelo con la más lastimosa de las miradas y desapareció de allí, dejando atrás sus cuadernos y la muñeca que había traído.

Esta vez Ángelo no lloró. Sólo se quedó ahí, sentado, viendo como su madre reía histérica mientras de su boca salía baba, licor y alquitrán hasta quedarse dormida en su propio vómito.

Un par de horas más tarde, Ángelo miró de lejos por última vez a su madre que parecía totalmente ida, muerta, ausente en su inmundicia. Subió a su cuarto y tomó su desteñida mochila, un saco viejo con rotos que le quedaba absurdamente grande, un cuaderno que aún guardaba bajo su cama y la muñeca que le había llevado Ana.

"Es tan misterioso el país de las lágrimas" – Pensó Ángelo mientras se alejaba por la fría oscuridad (ausente de estrellas) de un mundo que no le comprendía y que él no comprendía. Finalmente se perdió en medio de la noche para nunca más regresar.

El pequeño Ángelo, ahora ya un adulto, de una u otra manera logró crecer entre el desierto de la indiferencia de la sociedad y se las arregló para convertirse en un hombre.

Luego de aquella lúgubre noche, él anduvo de aquí para allá, entre orfanatos y callejones, siempre secretamente buscando a aquella niña, esperando poder verla nuevamente en alguna calle de la ciudad, siempre con su desteñida mochila y la muñeca que ella le había dejado en su mano. Con el paso del tiempo, fue aumentando su afición por coleccionar dichas figuras, las cuales atesoraba más que su vida misma. A Ana nunca más pudo verla de nuevo.

Ahora Ángelo, guarda de seguridad de una importante compañía de químicos, vivía tranquilamente su modesta vida mientras convivía con ese profundo secreto que sólo él conocía: coleccionaba muñecas.

La primera fue la de su anhelada Ana. La original, el epítome de lo que sería el sentido de su vida de adulto. Luego vinieron las demás. Una tras otra a su solitaria vida. Él bien sabía que la suya no era una afición fácil de revelar o de develarla a los cuatro vientos y, en el fondo, poseer dicho secreto en su vida le hacía sentir especial y diferente a los demás.

Lo que realmente le atraía de ellas era su mirada, esa misteriosa calma que parecían poseer y la delicada inexpresión de sus rostros inertes. Después de todo, las posibilidades en una mirada ausente son infinitas.

Sin embargo, y a pesar de lo mucho que intentaba disimularlo, siguió él cargando con la cruz del estigma que le había acompañado durante su infancia. "Es un tipo raro" - eran las palabras y susurros que constantemente que se colaban en sus oídos.

Los otros guardas y compañeros de la fábrica le miraban de soslayo al pasar. Llegaba solo, comía solo y se marchaba solo. Algo verdaderamente inusual para las lenguas y mentes humanas que se consideraban "socialmente normales".

Decían en los pasillos que incluso le habían visto partir repetidamente, al terminar su turno a las tres de la mañana, hacia sitios que no coincidían geográficamente con el domicilio registrado en los archivos de la dirección de gestión humana de la compañía.

A pesar de todo, Ángelo llevaba su vida con la naturalidad que le permitía un trabajo de bajo perfil y continuaba con su secreta afición siempre que el tiempo y las circunstancias lo permitían.

En su casa de las afueras de la ciudad, terreno de viejas fábricas abandonadas, deshuesaderos de carros y vertedero municipal, guardaba ya él una significativa colección de sus preciadas muñecas. Incluso llegó a construir un garaje anexo a su propiedad en donde tenía repisas llenas de ellas. Siempre que llegaba de madrugada, se quedaba horas contemplándolas y acariciándolas, teniendo largas conversaciones con ellas y, de cuando en cuando, las subía alternadamente a la terraza de su nuevo aposento y se sentaba allí con ellas a contemplar el cielo y sus estrellas. Precisamente esa noche, estando allí recostado en su terraza en compañía de una de ellas, sintió unos pasos lejanos seguidos de una luz cegadora sobre sus ojos, un golpe seco y repentino... e inmediatamente perdió la conciencia de sí.

Cayó pues en un sueño profundo, un trance bastante irreal y abstracto, en el que se veía rodeado de muchos rostros en un salón lleno de sillas con seres que le gritaban cosas que no alcanzaba a comprender. Un viejo de barba blanca (un dios en su altar?), trataba de decirle algo pero las palabras se disolvían en el aire. Pensó que quizás había llegado al cielo y que el Todopoderoso le estaba dando la bienvenida a ese reino del que tanto le habían hablado en la escuela. Intentó mover sus labios pero sabía de antemano que por más palabras que salieran de su boca, por más que intentara comunicarse, nadie allí en ese mundo podría realmente comprenderle… era simplemente una pérdida de tiempo.

Fue una quimera bastante extraña y agotadora que pareció durar meses hasta que por fin todo se fue desvaneciendo dentro de su conciencia.

Hoy 12 de Febrero era el 35avo aniversario desde que Ángelo había comenzado su secreta afición. Un año nuevo que traía nuevas esperanzas de compañía, un nuevo ciclo para tratar de hallar a Ana. Ángelo aún no perdía las esperanzas de encontrarla, de mirar sus ojos profundamente azules una vez más y devolverle aquella bella figura de mirada fija que años atrás le había dejado a su cuidado.

Simple como era su vida, el pequeño detalle de contar con la posibilidad de agregar una nueva muñeca que le acompañara en su existencia le traía una especie de alegría a sus ojos, pero verdaderamente era una lástima que ya hoy alguien había finalmente descubierto la historia que por tantos años él había guardado entre su pecho. Sin embargo, se sentía tranquilo y algo aliviado al saber que alguien ya sabía de su secreto.

Al despertar vio que se encontraba en un salón espacioso y gris y con un gran ventanal. No recordaba cómo había terminado allí pero en el fondo de su ser sentía que varias personas le observaban silenciosamente.

De repente un menudo hombre de traje gris entró por una puerta lateral seguido por varios hombres de cara fría y ausente y, sin que ninguno de ellos le llegaran a mirar, el más bajo de todos comenzó a hablar por un pequeño micrófono que reposaba en una mesa. Dijo de manera seca y directa las siguientes palabras:

"36 mujeres asesinadas y embalsamadas por este hombre son más que suficientes para condenarle a muerte. Que Dios se apiade de su alma" - Acto seguido dio la señal para la inyección letal para Ángelo Solorza.

"Es tan misterioso el país de las lágrimas…" pensó Ángelo por última vez.

36 almas pudieron finalmente descansar mientras los asistentes detrás del gran ventanal miraban con ojos vidriosos, casi como aquellos de los muñecos en una vitrina, como se apagaba la luz de las pupilas de Ángelo… el coleccionista de muñecas.

We are all made of "putas"... not of stars
(Moby was wrong)

*"El sexo es la broma más grande que
Dios ha hecho a los seres humanos"*
Bette Davis
Especial agradecimiento a Jaime Espinal

Las luces de la noche parecen cual fijas sobre un lienzo negro... a lo lejos las estrellas se pelean por saber cuál de ellas es la más brillante. La música de las cigarras y el viento se filtran por los cabellos de Él, que tierno acaricia mi rostro mirándome con aquella infinita súplica de amar que sólo Él tiene. Su cara me recuerda a aquellos otros mundos y atardeceres en los que, de niña y luego del colegio, corría por entre las rumionas vacas hacía los brazos de mi madre.

Él me besa por instantes que parecen milenios haciendo acelerar la coagulada sangre en mis venas. No.. no es su lengua ni sus labios, es esa esencia suya la que me transforma y me vuelve una marioneta ante su cuerpo y su mirada. Allí sólo hay ternura universal, sólo suspiros de una lejanía plácida y orquestal que se completa con el canto del viento andariego.

Cuanto amé a este hombre; cuanto de Él admiré e idolatré en momentos tan dulces como aquellas noches. Si sólo Él supiera cuánto, cuánto... quizás nunca llegó a saberlo, tristemente nunca se lo dije.
-Bien... el cliente ya terminó- pienso repentinamente al tiempo que dejo atrás mis recuerdos.

Sé que ha terminado porque su espesa humanidad acaba de verterse dentro de mí.

Uno más para la estadística... un individuo más que ayudo a liberarse de su monstruosa necesidad carnal.

No quiero ver su retorcida cara de agónica satisfacción. Hace rato que dejé ya la curiosidad de escrudiñar los gestos de todos ellos y de preguntarme qué pasaba por su mente al retorcerse como extasiados moluscos cuando dejaban salir su viscosa soledad gracias a mi corpórea asistencia.

Qué buscaban en mí, eso nunca lo lograré entender completamente. A pesar del cuerpo que me fue dado y de la estética carnosidad de mis partes, presentía más bien que tenía algo que ver con mi carácter lejano y distraído... una extraña obsesión por lo ajeno e indomable de mi alma hacía que mis visitantes nocturnos se empeñaran durante años en frecuentar mi "compañía"... una "femme fatale" y solitaria siempre será una extraña adicción para los seres de este universo.

Espero pacientemente a que se eche hacia un lado de la cama para terminar con esto de una vez por todas. Sabe que debe hacerlo pronto o que yo lo haré bruscamente por él.

Gracias al cielo no debo recurrir a mi afamado mal carácter para hacerle saber que ya ha pasado su hora. Dejando atrás su mueca de orate satisfecho se embarca afanosamente en la búsqueda de su ropa.

-Bien - pienso con falso orgullo - los tengo bien adoctrinados.

Cada vez que paso por este ritual inevitablemente vienen a mi cabeza recuerdos de Darwin en la clase de biología... ¡y río!... río a carcajadas en mi interior al recordar el concepto de "evolución de las especies".

Pero bueno, ya es tiempo de liberar a este primate para que vuelva a su "evolucionada" existencia.

Al mismo tiempo, me inclino sobre mi mesa de noche y llevo a cabo mi religioso ritual: tomo nota de todo lo acontecido, las imágenes recibidas y el nombre del parroquiano.

El cliente me mira con extrañeza y se encoge de hombros pues ya en el pasado sólo ha encontrado evasivas a sus preguntas, las mismas que cientos de otros de visitantes se hacían por tan extraña costumbre. Se rumoraba incluso que un apodo colgaba ya de mi nombre: la poeta de los orgasmos.

A la par que termino de escribir unas cuantas líneas, unos billetes que caen al borde la cama cierran el trato.

Una puerta giratoria.

Eso es lo que había sido mi vida, mis vidas.

Hombres, vagabundos, orates, poetas, vigilantes, campesinos, púberos, borrachos, bohemios, artistas, empresarios y hasta una que otra mujer habían desfilado por mi existencia, entrando y saliendo... inmiscuyéndose en mi ser para luego partir afanosamente luego de nuestra carnal coexistencia.

Y así pasaron años de servicio a los errantes. Miles de horas de acompañamiento al prójimo en su vasta soledad.

Voy, tomo una ducha y al rato salgo para pegar mi frente a la ventana -como siempre- y espero a que mi siguiente cliente aparezca en la calle.

La esperanza me dice que quizás un día Él reaparecerá.

¿Él?

Ya ni recuerdo quién es Él... o quizás sea Ella... ¿o yo?

No debo pensar tanto, pensar tanto es malo para la cabeza… actuar, instintivamente, actuar y entregarse, es lo más sensato por hacer.

Me despego la ventana de la cara y, para completar el ritual, me sirvo un trago de ginebra con dos hielos - como siempre.

Alguien toca la puerta… alguien me busca.

Pienso en un título para el capítulo de hoy. No se me ocurre nada y decido simplemente numerarlo - como siempre.

Tomo el cuaderno y anoto el número en la parte de arriba de la nueva historia de hoy. Sólo que este ya no es el cuaderno. Y ésta tampoco es la historia de hoy. No entiendo nada.

Busco el cuaderno. Ya no está.

Busco nuevamente en el nochero y encuentro otro cuaderno. Lo abro y leo apartes de algunas citas allí consignadas.

Recuerdos y anotaciones de imágenes recibidas que hablan de solitarios pistoleros, bandidos, esposos, ancianos, titiriteros, artistas y condenados.

Quiero comprender todo esto… pero la cabeza me da vueltas.

Quizás un poco más de ginebra me ayude a desenmarañar este nudo mental.

Lo sirvo con tres hielos -como siempre. ¿No era con dos?

Sigo leyendo el cuaderno… y nada encaja.
Más ginebra. Ahora ya no hay hielo… ya nada es como siempre.

La historia que está debajo del número que escribí reza: "Todos los hombres son el mismo hombre. Todos los hombres soy yo. Todos sus hombres he sido yo. Siempre"

Pienso en los miles de rostros… y me siento más puta que nunca. LA PUTA, hasta que volverme la puta más puta de las putas. La gran puta. Y yo todos sus hombres. Y yo todos sus clientes. Yo soy su cliente eterno. Yo soy su esposo. Yo fui su esposo, hasta hoy, puta esquizofrénica de mierda.

Con amor,

Tom.

Cromotomía

Aquella noche fue otra de tantas de mis historias inconclusas, otra incursión no planeada a la terra in *articulo mortis*.

Todo a mi alrededor era igual, pero distinto.

Nuevamente veía los mismos rostros, las mismas faldas, los mismos labios por donde quiera que mirara. Esta monotemática ciudad se pudría cada vez en la misma sinfonía de   alcohol y silicona.

Que enorme bacanal cargado de sin sabores, llantos e ilusiones que con cada ingenuo capítulo va cercando el alma hasta convertirla en una masa amorfa e irreconocible.

¿Qué putas era lo que verdaderamente estaba buscando cada vez que salía a escudriñar la noche? – me preguntaba maldiciendo la profunda saudade que, desde que tenía memoria, siempre me había acompañado.

¿Y es que al fin y al cabo qué era la nostalgia sino una lúgubre celebración de lo que no iba a volver?

Siempre he creído que no ha existido dolor más agudo que el de recordar mejores tiempos, palabras más azules y besos más dulces. Pareciera que el arquitecto de esta existencia hubiera diseñado un magistral plan para inexorablemente hacernos añorar aquellos mundos de paz y sosiego.

Una trama y urdimbre perfectamente dimensionadas para soñar despiertos otra realidad... inalcanzable para los más recónditos límites de la soledad. Ni la voluntad más férrea podría soportar sobre sus hombros la carga de vivir una vida abyecta; una existencia de penumbras sobre las penumbras, de soledades encima de las soledades.

Pensé por un momento en aquellos "gurús" de la mente. Quizás yo podría ser todo un manjar para el mejor de los psiquiatras - murmuré con sonrisa sardónica mientras escribía una blanca nota con mi mano derecha a la par que con la izquierda sostenía un pincel bañado en pintura.

¿Qué habrán pensado sujetos como, Cleopatra, Van Gogh, Wolf o Hemingway en su momento más honesto y encarado con la vida?

¿Cómo y qué escribir a la hora de partir? - reflexionaba mientras trataba de elegir las palabras adecuadas en un intento por explicar lo inexplicable.

En el fondo, no era mi intención dejar un mensaje debido a alguna oculta necesidad de justificar mi vivir o a los actos que había llevado a cabo… no. Lo hacía por temor a renunciar a mi derecho a dejar de intentar entenderme… como si al repasar nuevamente mis letras pudiera yo encontrar alguna respuesta coherente a ese infinito peso de soledad que todos cargamos pero que algunos simplemente no podemos ocultar.

También lo hacía por ella que…

Exaspero, odio y confusión se mezclaban en mi dilatado cerebro que, diligente, me traía memorias de mejores "ayeres" en un intento por conservar su supervivencia.

Pintar, escribir, existir, amar o morir… he ahí la cuestión.

El expectante pincel de mi mano izquierda fue a dar a uno de los polvorientos rincones del loft en el que me resguardaba y que, a diferencia mía, aún permanecía erguido con orgullo.

Me sentía agotado… como el rocío de tanto esperar la promiscua mañana.

Me dirigí al sofá contiguo al gran ventanal del balcón y, arrellanado, absorbí lentamente la soporífica ginebra mientras, abstraído, me sumía en el vaivén de la terca lluvia de la calle que, ante los gritos del cielo, había decidido escapar hacia terreno más sólido.

Habían sido varios meses de hacinamiento junto con todas mis pinturas, lienzos y bocetos atiborrándose a mi alrededor, aun cuando yo les había dicho una y otra vez que me dejaran solo, que no quería nada con ellos, que sólo ella valía la pena el asombro… y precisamente hoy me había decidido a salir a buscar olvidar su rostro en otros rostros.

Ella….
Ella…

Lastimosamente ella no entendía lo que pasaba por mi mente. Después de todo, así éramos los hombres; inevitablemente hechos para amar por doquier y sembrar la tierra de descendientes. Era algo visceral, innato e instintivo el buscar otras figuras y matices. El arcoíris es bello por su comunión de colores, por los múltiples matices que éste le ofrecía al terrenal espectador.

Pero el amor era otra cosa, y no tenía nada que ver con la fidelidad.

Yo a ella la amaba… más que a nada en el universo, pero ello no le bastaba.

Ella, allí, recostada en un rincón del cuarto, tan ajena, tan ausente… tan providencial. Parecía que aún no había notado mi llegada.

Decidí acercármele con cautela; llegar a su costado y verle reposar.

A gatas, y un poco ya mareado por las sustancias ajenas en mi torrente sanguíneo, logré posarme a unos cuantos centímetros de mi escultural princesa.

Quería decirle que lo sentía, que ya no buscaría otras figuras en la vida, que ella era la imagen más bella que alguna vez había visto en mi podrida vida.

La sacudí suavemente tratando de comunicarme con ella, quizás aún había esperanzas para mí. Si sólo se tomara la molestia de escucharme, pero tristemente ya no había comunicación, los silencios se habían mudado a nuestras vidas y la letárgica comunión de nuestra coexistencia parecía sellada por un irreversible pacto de "Mauna".

Sigilosamente decido acercármele por diferentes ángulos buscando una señal. Le colocó un poco de luz. Sin embargo ella parecía ida, agónicamente ausenté, pétreamente inexpresiva... su indiferencia me mataba lentamente.

¿En qué mundos andarás soñando ahora preciosa? -me pregunté distraídamente.

¿Por qué no querías despertar para mí?

Quizás continuabas enojada por mi pasión a todas estas pinturas, a estos lienzos que acaparaban mi espacio y libertad, tal vez sentías celos porque he trazado a otras mujeres, por haberles desnudado el alma y por haber bebido de su brillo.

¿Pero no sabías ya de antemano cómo era yo? Sinceramente no entendía tu callado reproche.

Decidió susurrarle al oído aquellas extrañas palabras que se dicen los seres sin siquiera saber de su verdadero significado:

-Te amo.

No hubo respuesta.

-Te amo.

Silencio.

-Por favor preciosa, te amo y lo sabes, así como sé que me escuchas.

Mutismo.

- Te amo te amo te amo te amo. Siempre lo he hecho… te amo TE AMO TE AMO… TE AMO TE AMO TE… - mi voz se fue haciendo más rígida, con picos más y más altos, con un amor mortal, con un matiz agónico.

Esas palabras de amor sólo fueron opacadas por el burbujeante tronar de la tormenta que ahora caía a raudales en el oscuro exterior. Los flashes de los relámpagos iluminaban las siluetas de esta frenética escena. Súbitamente se oyeron gritos y sonidos cortados… pero no eran los truenos recién llegados.

Calma.

Un silencio sepulcral se apoderó de mí al observar mis torpes manos, ahora bañadas del rojo más escarlata. A mi derecha… un bisturí y el piso encharcado de gotas carmesí.

Empecé a sollozar por largo rato. Poco a poco, comencé a comprender lo que había sucedido.

Acurrucado, me sumergí en un mar de llanto y desconsuelo, llanto que ahora le hacía compañía a la feria de trompetas celestiales ejecutadas por Zeus y sus truenos.

De repente la lluvia amainó, al igual que mi ya desgastado ánimo por existir. Me sentía mortalmente cansado… cansado, arrepentido y borracho de sustancias y emociones.

- Quiero morir…quiero dormir… por esta existencia y por la otra - balbuceé.

Dirigí mis onerosos ojos hacia la pared en donde había estado escribiendo, en donde había estado intentando desahogarme instantes atrás.

Letras, versos, figuras… todo un desastre en las paredes.

De nuevo, mi boca absorbió los jugos del resto de la botella de ginebra, la cual se me antojaba cada vez muy hipócrita. Otra cosa más que fue a dar contra una de las esquinas de mi apartamento.

Finalmente, me encaminé vacilante hacia ella, la cubrí con un manto blanco, no sin antes pedirle perdón de manera agónica.

-Adiós mi princesa… perdóname. Algún día nos volveremos a ver.

Salí de mi apartamento con desgano y un poco pálido, apreté el botón del ascensor de carga y luego le ordené subir lo más alto que pudiera. Llegué a la azotea, piso 16, del colosal cardumen de ladrillos verticales.

Todo un amplio rascacielos, casi una enredadera al más allá.

En la cima y sobre el tapete de grava, reposé un instante mi nublada conciencia.

Lentamente comencé a percibir aquel mundo de gruesos tallos y frijoles mágicos… -¿habrá algún gigante aquí arriba?

Lejos, a la distancia, empiezo divisar la cegadora luz de un pálido faro que contrastaba con el constante pestañeo de las luces en el horizonte.

El gélido aire jugaba y revoloteaba con 3 o 4 de mis negros cabellos que, renuentes, se negaban a reposar como sus demás colegas, se negaban a descansar como mi conciencia.

- ¿Cómo pudo haber pasado todo esto?- pensé.

Caminé hacia uno de los filosos bordes de aquella torre de marfil. Me senté pensativo en la cornisa, permitiéndole a mis helados pies reposar sobre el enorme vacío de la ciudad.

- ¿Y ahora qué?

Comienzo a recibir nociones de un justo pasado, gloriosas y sangrientas caras del ayer que divagaban al ritmo de la brisa. Imágenes de otros cuerpos y mujeres… un difuminado rostro que se escapaba inevitablemente.

La visión de mis rojas manos traen consigo tribulaciones, culpas y pesares de un presente ya irremediable.

Socavando el poco sentido común, algunos de mis   aventurados recuerdos cruzan fugazmente de sien a sien.

- Si sólo pudiera asirme a uno de ellos y así desenmarañar estos recovecos y nubarrones mentales - dije para mis adentros.

Como un acto de Houdini, comienzan a aparecer repentinamente nuevos ángulos y rincones en el creciente espectro visual. A lo lejos, un gato ronronea matizándose con la lúgubre oscuridad; a lo cerca, un latido.

Ahora las histéricas sirenas se acercan a lo lejos clamando por mi sangre, escucho frenéticos automóviles policiacos reclamándole a cada faro, gato y vagabundo por mi presencia para luego detenerse ante la fachada del edificio. Luego, laboriosos hombrecillos azules apeándose afanosamente mientras consultan con mis vecinos el estatus de la situación.

Casi puedo sentir sus agitadas respiraciones mientras uno de ellos grita luego de patear la puerta de mi reducto: -«¡Por dios no!»

No sé si lo escucho, lo imagino o lo presiento.

Igual ya nada importaba pues sabía que allí encontrarán el cadáver más pintoresco alguna vez destajado, sabía que me repudiarían por tan bellaco acto, estaba seguro de que creerían que estaba loco.

Y como un rayo de luz… decido terminar de una vez con todas con todo esto. Reúno todas las pocas fuerzas y valentía que me quedan lanzándome en búsqueda de una redención final.

Empiezo a caer por un vacío no sólo mental, sino ataviado de un acelerado pulso cardiaco, una inexorable apatía, y la inevitable visión de los seres que abajo, al final de la calle, retroceden sorprendidos por aquel intruso que amenaza con entorpecer el tráfico.

¿De qué vale todo si ya no estás?

¿Dónde andarás ahora?

¿Cómo volverte a encontrar?

Finalmente, todo arde como el mismísimo infierno. Agujas, mas agujas. Incisiones en mi alma y en mi mente. Manos intrusas arrastrándose en mi cerebro. Mis noches de infancia aparecen, mi ángel, siempre te supe, siempre te creí viva… más ahora eres ya sólo un borroso cuadro de mi imaginación.

- ADIOS - Desconexión..

II

Mariana llegó temprano, como cada domingo hace 2 años, a las 4 p.m., a visitar a aquel que una vez le abrió su corazón y que, desde entonces, a pesar de haber negado sentimiento alguno hacia David, ahora ya estaba segura de su admiración y deseo hacia tan perfeccionista loco y artista que había acabado por conquistarla con su retorcida esencia.
Había algo distinto en esa húmeda tarde. Varios laboriosos empleados con sus uniformes azules, le habían evitado el saludo y la mirada.

Extrañamente David no se encontraba en el pabellón de pintura del hospital como solía a esas horas.

- «Qué desorden». -pensó Mariana mientras recogía un bisturí y un par de pinceles del piso. Al fondo, y sobre una de las paredes, se hallaba recostado el hermoso lienzo de una mujer de negros cabellos y enigmáticos ojos azules como los suyos… azules que contrastaban con el tarro de pintura roja derramada sobre parte de la obra, aunque ello no parecía un toque artístico.

La guapa mujer del cuadro tenía una incisión a la altura del cuello.

- «Que extraño» -pensó de nuevo la visitante al pabellón.

Un fuerte nudo se creó en la garganta de Mariana al reconocer la letra de David, estampada en rojo en la parte inferior del lienzo. A su lado, se leía el titulo de la obra:
«Mariana, playa y mar»

Una lenta agonía se fue apoderando de cada poro de aquella mujer cuyos infinitos ojos ahora empezaban a colmarse de lágrimas e intuiciones de algo catastrófico.

Ya estaba presta a salir desesperada a buscar a aquelausente y futuro receptor de sus abrazos y besos cuando se percató de una nota cercana a la escena que decía:

«Un adiós»

Vida de matices…
amplia gama de espectros de existencia.
Colores vividos y opacos,
carnaval de sensaciones.
Un alma brillante, translúcida y gris,
toda una pintura del ser.
Bocetos incipientes de una libertad 1000 veces
saboreada,
retrato de una esclavitud posterior.
Lascivos pincelazos de amor, pasión y lujuria,
tonalidades de inminente demencia colándose
en cada rincón.
Una paleta de recuerdos, atiborrándose en un
inalcanzable ayer.
Al final…

nada de nada. Sólo un mediocre cuadro de
existencia.
Con lúgubre y sangrante firma, estampo mi
identidad en esta vida:
«David»
Y comienzo otro lienzo…
buscando la esquiva obra maestra…
que por fin plasme un paraíso.

Dos lágrimas recorrieron las pálidas mejillas de
Mariana.

Abajo/Arriba

Y al llegar el 7mo día, se sentó a contemplar su creación.

Vio con desilusión que parte de su obra estaba rasgada, con moho y podrida en algunas partes.

Varios demonios se habían infiltrado en el collage y muchos borregos mordían ahora rancias manzanas en un paraíso desértico.

No recordaba haber engendrado todo ello, quizás era su alzhéimer… con la mente y los recuerdos nunca sabe.

Como fuera, ya no se sentía satisfecho con ninguna de las figuras y tonalidades que inicialmente había pensado plasmar en su obra… éste era un circo muy diferente al que había imaginado, uno que se le antojaba ajeno.

Sus tristes y cansados ojos contemplaban con remordimiento los garabatos, mamarrachos y remedos de lo sublime que alguna vez quiso que fuera su creación.

Le pareció todo un error, una farsa digna de burla universal… un pecado mortal.

Quiso hacer algo al respecto…orar, gritar, patalear, prenderle fuego, pero se sentía ya muy cansado y abatido.

Finalmente la noche trajo consigo la calma y la plácida apatía de la desconexión temporal de la existencia.

Ya era hora de dormir para Leonardo… en el ancianato sólo los dejaban jugar con sus oleos y témperas hasta las 7 p.m. pero juró (mientras la enfermera le obligaba a tragar su OxyContin y su Thorazine) que mañana daría luz al génesis de un nuevo mundo para admirar.

Créditos

Este no es un libro "profesional" estrictamente hablando; razón por la cual es muy probable que encuentre algunas incoherencias gramaticales.

Simplemente hagámonos los bobos y no nos detengamos en detalles tan técnicos. Más bien salga y tómese un café y, si lo considera prudente, llévese este libro para tratar de dejar viajar la mente un rato hacia otras latitudes de la imaginación.

Si por lo contrario usted persiste en señalar los errores ocultos entre letras, me temo que tendré que decir que los gatos no tienen tan buena ortografía… así que simplemente culparemos a Leonardo, ¿le parece bien?

Igual se deja acá constancia del esfuerzo en el apoyo de la edición/corrección de personas queridas y admiradas como Marta Rodas, Sergio Peralta Rodas, Claudia Ángel, Carlos Mario Mazo y Ángela Gómez quienes muy amablemente se tomaron el tiempo de corregir y diagramar (en el caso de Carlos Mario y Ángela) algunas cosas para que el trabajo de "Leo" no fuera tan catastrófico.

Yo (David), por mi parte, sólo reclamaré el crédito de haber alimentado la panza y la cabeza de Leo para que este libro pudiera ver la luz (bueno, creo que también me robaré el crédito del concepto y diseño de la portada).

En cuanto a la editorial, bueno, seguimos con "Editorial Ficticia Cieza S.B." (vaya y conózcalo en la Villa del Aburrá, es un antro muy especial).

La reproducción parcial o total de este libro está sujeta al permiso especial que Leonardo quiera concederle. Escríbale. Su mail es leonardo.de.persia@gmail.com (good luck with that!).

La mayoría de derechos ya están reservados ©

Primera edición.

Apreciado Lector.

Gracias por permitirme entrar por un rato a tus ojos y a tu mente mediante estas letras.

Para enterarte de más novedades de lanzamientos y nuevos libros, te invito a suscribirte en mi perfil de Amazon y de paso dejar tu reseña o comentarios:
http://amazon.com/author/davo
¡Por favor deja tu reseña!

Gracias… mis letras y yo te mandamos un fuerte abrazo literario.

Otros libros del autor:

11: El otro lado del fútbol
(Spanish Edition)

11: El otro lado del fútbol
(Portuguesse Edition)

Malditos Besos Malditos Versos

El Otro

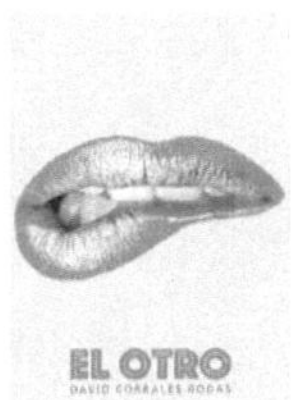

Live and let die (Spanish Edition)

Live and let die (Portuguesse Edition)

El origen (Spanish Edition)

A origem (Portuguesse Edition

La prosa, el verso y los demás

El viejo Este

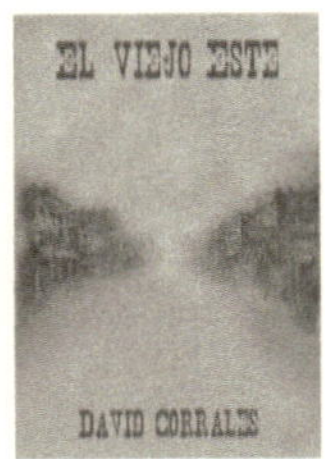

Twitteratura

www.ingramcontent.com/pod-product-compliance
Lightning Source LLC
Chambersburg PA
CBHW020528160726
47992CB00005BA/2297